BIOGRAPHIE CHRONOLOGIQUE

DES

Barons et Seigneurs d'Elnes

Depuis le XVe siècle

Par l'Abbé A. COLLET

Ancien curé de Wavrans-lez-Elnes
Membre de la Société Académique de Boulogne-sur-mer,
des Antiquaires de la Morinie et de la
Société Préhistorique Française.

BOULOGNE-SUR-MER

IMPRIMERIE G. HAMAIN

83, RUE FAIDHERBE

1917

BIOGRAPHIE CHRONOLOGIQUE

DES

Barons et Seigneurs d'Elnes

Depuis le XVᵉ siècle

Par l'Abbé A. COLLET

Ancien curé de Wavrans-les-Elnes
Membre de la Société Académique de Boulogne-sur-mer,
des Antiquaires de la Morinie et de la
Société Préhistorique Française.

BOULOGNE-SUR-MER

IMPRIMERIE G. HAMAIN

83, RUE FAIDHERBE

1917

BIOGRAPHIE CHRONOLOGIQUE

DES

Barons et Seigneurs d'Elnes

Depuis le XVᵉ siècle

Parmi les trente-quatre villages du canton de Lumbres, Elnes peut certainement revendiquer une des plus anciennes origines.

L'habitat de cette localité de 462 âmes remonte à l'âge où nos ancêtres ignoraient encore le métal et utilisaient uniquement la pierre. Il s'est manifesté par de très nombreuses trouvailles paléolithiques et néolithiques dont la collection occupe une salle spéciale dans les musées des villes de Saint-Omer, Boulogne-sur-Mer (1) et du petit séminaire de Béthune.

Aux autochtones de la période quaternaire et aux hommes des époques robenhausienne et

____

(1) *Bull. Soc. Acad. de Boulogne-sur-Mer*, t. IX, p. 108 ; — *Bull. Soc. Ant. de la Morinie*, t. XI, pp. 388, 345, 743.

— 4 —

gallo-romaine succédèrent des maîtres terriens
que les diplômes des chartriers nomment « sieurs
d'Esne, Enne ou Eulle (1) ».

Messire Jacques d'Elnes, mort vers 1450, est
le dernier de ces seigneurs portant le nom patronymique de sa terre. Il ne laissa de Jeanne de
Seninghen, sa première femme, qu'une fille,
Marie d'Elnes, qui épousa Louis de Ghistelles,
seigneur de Wispenhoff.

La châtellenie d'Elnes passa alors à Jean de
Waverin, seigneur de Guarbecque, par son mariage avec Isabeau de Renty, puis en 1482 à
Philippe de Crèvecœur, maréchal d'Esquerdes,
enfin à Jean IV du Bois de Fiennes, vers l'ultime
fin du xv⁰ siècle.

Il n'y avait pas alors de règles fixées pour
l'érection d'une châtellenie en baronnie. Elles
datent seulement de l'édit de Henri III du
17 août 1579. Cet état établit que *la baronnie
sera composée de trois châtellenies pour le*

(1) Le mot *Elnes* a subi de nombreuses vicissitudes. L'*Elna*
celtique s'est trouvé latinisé par l'effet ordinaire de la conquête
romaine et transformé en *Enula, Enna, Enela*. On remarque
encore *Œulle* dans l'enquête de 1538 faite à Arras par les élus
de la province sur les *villages et hameaux d'Artois* ravagés
pendant la guerre. Un peu plus tard une articulation troublée
substitua la sifflante *s* à la liquide *l*, l'orthographe euphonique
amena la déformation *Esne* et les seigneurs dudit lieu s'inti-
tulèrent invariablement « barons d'Esne » de la fin du xvᵉ siècle
au xviiᵉ. (Voir les *Origines préhistoriques et historiques de
Elnes, Lumbres et Wavrans-sur-l'Aa, (Bull. Soc. Acad. de
Boulogne-sur-Mer*, t. IX, p. 469.)

*moins, qui seront unies et incorporées en-
semble pour être tenues à un seul hommage
du roi.*

En échéant à Jean IV du Bois de Fiennes, la
terre d'Elnes gagnait à bon droit le titre de
baronnie.

Son nouveau possesseur tenait 1° par donation
du maréchal d'Esquerdes, son oncle maternel, la
châtellenie voisine du village de ce nom *Esquerdes*, 2° la seigneurie de Bientques, apportée
en mariage avec Catherine de Poix, dame de
Bientques, à son bisaïeul, Jean du Bois, II⁰ du
nom, 3° les terres de Vermelles et d'Annequin
venant, la première de Jean du Bois, 1ᵉʳ du nom,
et la seconde de Jeanne de Lens, dame d'Annequin, mariée en 1362 audit Jean Iᵉʳ du Bois,
fils de Sohier de Fiennes, souche de la branche
des vicomtes de Fruges.

Ces quelques données historiques amènent la
notice individuelle des barons d'Elnes depuis le
xvᵉ siècle.

Jean IVᵒ du Bois de Fiennes
Iᵉʳ Baron

Aubert le Mire dit au chapitre 83 de ses
Antiquités de Flandre que l'illustre Maison de
Fiennes, d'origine boulonnaise et chevaleresque,

était représentée en son temps par une branche cadette désignée sous le nom de *vicomte de Fruges* (1).

Dans ses *Coutumes locales du Bailliage d'Amiens* Bouthors déclare maintes fois que « Mgr Jehan du Bois, chevalier, seigneur d'Esquerdes, conseiller et chambellan ordinaire du Roy, tient la terre et seignourie d'Eulle en *Baronnie* de le comté de Fauquemberghe le **xx**ᵉ jour d'août 1507 (2) ».

Fils aîné de Jean du Bois, IIIᵉ du nom, et Catherine de Caumesnil, le premier baron véridiquement attitré d'Elnes est le petit-fils de Philippe du Bois, premier mari de Jeanne de la Trémoille, dame d'Engoutsent, l'arrière-petit-fils de Jean du Bois, IIᵉ du nom, et Catherine de Poix, dame de Bientques. Ce dernier a pour père et mère : Jean du Bois, Iᵉʳ du nom, et Jeanne de Lens, dame d'Annequin, pour aïeux : Sohier du Bois et Marie d'Azincourt, les seigneurs qui ont fait la branche de Fruges, pour bisaïeuls : Henri II, sire du Bois de Fiennes, et Jacqueline de Beauffremont, pour trisaïeuls : Henri Iᵉʳ de Fiennes dit du Bois, second fils de Robert Iᵉʳ de

---

(1) Fielnes, Felna seu Fienna, hodiè Fiennes, vicus diœcesis Boloniensis in Franciâ, olim proprios habuit dominos in belligeratoribus natos, ex quâ familià hodiè superest vicomes de Furges (Fruges) in Artesià.

(2) Recueil II, p. 655. Voir les mots *Biequennes* (Bientques), p. 658 ; — *Esquerdes*, p. 650 ; — *Béthencourt*, p. 211 ; — *Raincheval*, p. 221 ; — *Caumesnil* et *la Pré*, p. 229.

Fiennes, seigneur de Heuchin en 1260 et Claude de Luxembourg.

On sait qu'au XIIIe siècle un cadet abandonnait souvent son nom patronymique pour adopter celui d'une seigneurie tenue par héritage et former ainsi une branche secondaire de sa lignée ancestrale.

En vertu de cet usage, le précité Henri Ier de Fiennes, fils de Robert Ier et de Enguerrand II de Fiennes, seigneur de Tingry en Boulonnais, substitua au nom familial *de Fiennes* celui *du Bois*, qu'il devait à sa mère Claude de Luxembourg, dame apanagée du fief de ce dernier vocable. Il brisa en même temps, comme fils de cadet, d'une « bordure de gueules » conservée en sa postérité le blason de ses pères « d'argent au lion de sable ».

Les armoiries de notre premier baron se lisent donc : *écartelé aux 1er et 2e quartiers d'argent au lion de sable brisé d'une bordure de gueules, qui est du Bois ; et aux 2e et 3e quartiers contre-écartelé d'or et de sable, qui est Léns* (1).

Au-dessus du bénitier en grès de l'église d'Elnes, bâtie en 961 et reconstruite en 1144, l'œil exercé s'arrête volontiers sur un socle en calcaire sénonien qu'un tailleur de pierre du pays a finement découpé aux armes des anciens seigneurs de la

____

(1) Le Roux, *Recueil de la noblesse de Boulogne, Flandres, Artois*, etc , p. 118, éd. Lille, M.DCC.XV.

vallée de l'Aa, les *du Bois*, dits *de Fiennes*, vicomtes de Fruges. Rien ne manque à. la richesse de ce morceau héraldique. Soutenu par deux lions lampassés, virés et rampants, l'écu porte à dextre et à senestre, deux autres lions plus petits et identiquèment armés. Un heaume à sept grilles, taré de face et sommé d'une couronne timbre, sous les ailes éployées d'un dragon, le blason qu'embrassent des feuillages de vigne formant lambrequin.

Sur cet intéressant souvenir du passé, œuvre des vieux maîtres maçons du village, repose une statue également en craie blanche, de saint Blaise, patron des tailleurs de pierre. L'évêque martyr du IIIe siècle est coiffé d'une mitre-tiare. Il tient dans la main droite le livre ouvert de l'évangile et a à ses pieds deux animaux, un bœuf et un loup, curieusement attentifs à écouter les leçons du pieux ermite.

Nos bons généalogistes se sont complu de tout temps à rehausser les grandes et nobles familles dont ils dressaient la filiation en reculant sans preuves suffisantes l'origine de leurs marques d'honneur.

Pour la baronnie d'Elnes, en particulier, une imagination trop productive chez la plupart des auteurs du XVIIIe siècle et du XIXe qualifie gratuitement de « baron » le mari de Jeanne de Lens, Jean Ier du Bois dit de Fiennes, mort l'an 1385.

Au XIVᵉ siècle, en effet, le « castel d'Eulle » était toujours occupé de père en fils par un seigneur au nom patronymique de sa terre. Les cartulaires expriment qu'Evantier d'Elnes, chevalier, qui épousa Jeanne de Monchy-Montcavrel (canton d'Etaples), passa la châtellenie d'Elnes à messire Guillaume d'Elnes, son fils, marié à delle de la Motte, fille du sieur de Bléquin, qui sont les auteurs de messire Jacques d'Elnes, décédé au milieu du XVᵉ siècle, « en son vivant chevalier et seigneur d'Eulle (1). »

Ce n'est que dans l'acte du 12 octobre 1495 du fief de *Ghisnes*, sis en terroir de Lumbres, acheté par Jean IV du Bois à Jean de Cunchy, qu'apparaît, pour la première fois, la mention de « baronnie d'Eulle » (2).

Le maréchal d'Esquerdes avait fait suivre la carrière des armes audit Jean du Bois, l'aîné de ses deux neveux-héritiers. Au mot : *de Crève-cœur d'Esquerdes (Philippe), maréchal de France* le dictionnaire historique et biographique des Généraux français dit : « En 1487, d'Esquerdes, avec 600 hommes, surprit Saint-Omer, dans la nuit du 28 avril. Il fit dresser des échelles, monta *lui-même* à l'assaut avec quelques soldats, égorgea les sentinelles, réunit sa troupe sur la

____

(1) *Bull. Soc. Acad. de Boulogne-sur-Mer*, t. IX, pp. 719 et suiv.

(2) *Bull. Soc. Acad. de Boulogne-sur-Mer*, t. X, p. 89. *Question de la date d'origine de la Baronnie d'Elnes.*

place publique, et tout à coup fit sonner tous les instruments de guerre (1) ». De Courcelles se trompe en attribuant à l'oncle la gloire de ce brillant assaut. Elle va à son neveu, le baron d'Elnes. Pendant que d'Esquerdes se tenait en observation avec son armée sur le chemin d'Arques, Jean IV du Bois que guidait un espion nommé Blondel s'approcha de la ville avec quelques soldats résolus, en escalada les murailles, s'avança sans bruit jusqu'à la place de l'église Sainte-Marguerite où il fit sonner les instruments de guerre et crier : vive France, ville gagnée ! Le lendemain seulement de ce hardi coup de main, d'Esquerdes entrait en vainqueur dans Saint-Omer et il nommait son héros bailli de la ville et capitaine du château. C'est ainsi que la liste des *Baillis ou capitaines de Saint-Omer* par Henri de Laplane cite : « 48ᵉ. — Noble et puissant monsgʳ Jean du Bois, chevalier, seigneur de Tinques, Berle et de Béthencourt, conseiller et chambellan du Roi nostre sire, bailli et capitaine de la ville de Saint-Omer et du château d'icelle, presta le serment de bailli le 29 de mai 1487, par commission du seigneur de Crèvecœur (2). »

Au surplus, Jean Molinet, dans l'une des autobiographies du grand capitaine où il rappelle la surprise de la ville de Saint-Omer dans la nuit du 27 mai 1487, lui fait dire :

(1) Tome cinquième, p. 59. Paris, M.DCCC.XII.
(2) *Bull. hist. Soc. Ant. de la Morinie*, t. II, p. 1011.

« J'entray à Saint-Omer par derrière Saint-Bertin.
Mon ne(p)veu Jean du Bois, qui fut mon héritier,
Par dessus la muraille y entra le premier. »

Notre premier baron d'Elnes s'est toujours trouvé aux côtés de son oncle, Philippe d'Esquerdes, quand celui-ci reprit Thérouanne, battit les Impériaux à Hesdin, força le roi d'Angleterre, Henri VII, à lever le siège de Boulogne et à conclure la paix d'Etaples, le 3 novembre 1492. Il l'accompagna aussi dans l'expédition d'Italie, le vit trépasser à l'Arbresle, près Lyon, le 22 avril 1494, et ramena ses restes mortels à Boulogne suivant les dernières volontés de l'illustre guerrier. « Le Mareschal de Crèvecœur seigneur des Cordes, qui avoit le plus contribué à la réduction du païs de Boulenois, sentant approcher sa fin, ordonna par Testament, dit Belleforest, que son corps, après decebs, fust porté dans l'église de Boulogne, pour y estre enterré devant l'Image de sa chere maîtresse. Il donna quatre grandes Lampes d'argent, et afin qu'elles brûlassent continuellement devant la Sainte-Image, il légua à l'Eglise quatre-vingt-dix livres de rente, (1) à prendre sur tous ses biens (2). »

(1) Si l'on abaisse à 30 fr., selon M. Levasseur, de l'Institut, la valeur de la livre du xve siècle que Liber faisait encore monter à 50 fr. et 60 fr. au xvie siècle, pareille rente s'élèverait aujourd'hui à la somme de 2.700 fr.

(2) Belleforest, *Annales de France*, t. II, l. 5; — Ch. Le Roy, *Histoire de N. D. de Boulogne*, p. 169.

Un acte qui fut dressé au « chasteau d'Eulle le 18. Jour d'octobre quinze cens soixante cinq » établit la ratification de cette pieuse fondation par Messire Jean du Bois « en son temps chevalier seigneur dudit Esquerdes son Neveu et par Messire Anthoine du Bois Evesque de Béziers (1) ».

Par ses titres et ses vastes possessions le baron d'Elnes prévalait sur les seigneurs de la contrée de Lumbres. A partir du moment où il devint le maître de la « terre et seignourie d'Eulle », il en arrondit le domaine et embellit « le chastel avec grans et somptueux deniers (2) ». Il avait de quoi le faire. En sus des biens considérables possédés en Artois et dans le Boulonnais, il jouissait de tous les droits de guerre de son richissime oncle. Il reçut, à cet égard, du roi de France 2.000 écus d'or que Charles VIII lui devait « pour l'artillerie qu'il avait eue de feu m. le maréchal d'Esquerdes (3) », et, d'autre part, il touchait 2.166 livres de rente, intérêt de 35.000 livres que l'empereur Maximilien avait à lui payer par sentence du Parlement de Paris pour la rançon de Charles d'Egmond, duc de Gueldres, qui avait été fait prisonnier dans la surprise de Thérouanne, le 26 juillet 1427.

Notons-le toutefois à la louange du baron

(1) Ch. Le Roy, ouv. cité, p. 286.
(2) *Bull. Soc. Acad. de Boulogne-sur-Mer*, t. X, p. 127.
(5) *Histoire généalogique et chronologique de la Maison de France* par le P. Anselme, t. VI, p. 166, n° XIV.

d'Elnes et de l'évêque de Béziers. Les deux frères utilisèrent patriotiquement l'immense fortune qu'ils devaient à d'Esquerdes. François Ier était vaincu à Pavie (24 février 1525) et captif à Madrid. Son rival Charles-Quint exigeait une rançon excessive. Que font les deux neveux-héritiers du maréchal d'Esquerdes ? « L'évêque de Béziers engage son bien et celui de sa famille en Flandre et en Artois pour la rançon de François Ier, roi de France, qui lui donna en échange plusieurs terres et principalement le titre de comte de Chaumont en Bassigny pour lui, son frère Jean baron d'Esne et ses enfants, ainsi qu'il est justifié par tous les actes passés avec les procureurs spéciaux du roy au sujet de cette engagerie faite par Antoine, évêque de Besières pour la rançon de François Ier, de tous les biens que la famille avait sous la domination de l'empereur Charles-Quint pour seureté du traité de Madrid (1). »

Courroucé de voir ces deux patriotes opiniâtrement attachés au parti de François Ier, Charles-Quint, « confisqua en 1534 et 1535 leurs seigneuries de Lisbourg, Fruges et Hézecques, malgré les rembours faits par le roy de France à l'em-

____

(1) Archives particulières de M. le baron Huyttens de Terbecq, allié aux de Fiennes, comtes de Lumbres, de la branche cadette des barons d'Elnes, vicomtes de Fruges, par sa femme, Jeanne-Marie-Adelaïde de Mathorel de Fiennes.

pereur des terres d'Eulne, Wavrans, Esquerdes
et autres. »

On remarque dans l'état officiel de ces biens
« escheux et dévolus à l'Empereur par droit de
guerre » certaines redevances d'une nature assez
bizarre. Voici, par exemple, deux objets que les
tenanciers des fiefs situés dans les localités
d'Elnes, Esquerdes et Fruges avaient à fournir
annuellement : « Il est deub audit lieu par chacun
an et audit jour de la saint Jehan Baptiste ung
chappeau de roses vermeilles, partant icy... un
chapeau de roses vermeilles.

« Pareillement est deub chacun an ung miroir
qui se paye au jour du puceillage et se faulte y a
du payement il doibt III sous par. d'amende...
1 miroer (1). »

Assurément la première de ces prestations,
celle du *chapeau de rose*, atteste l'existence dans
la vallée de l'Aa, en 1533, de l'institution de *la
Rosière* que les biographes de saint Médard font
remonter à ce prélat du vi^e siècle. Elle consistait
à décerner, comme prix de sagesse, un chapeau
de rose à la jeune fille du village reconnue la
plus vertueuse par les prud'hommes. Ce gracieux
usage, aussi favorable à l'entretien des mœurs
que parfaitement assorti au goût des manants de
l'époque, sera mieux défini dans des rapports

____

(1) Compte conservé aux Archives départementales (série B ;
708. — Gouvernance d'Arras).

ultérieurs. Qu'il suffise de demander en passant si chacun n'y trouve pas volontiers l'origine de l'institution rurale dite les *Reines de l'église* où trois jeunes filles, reconnues « vertueuses » comme les Rosières d'antan, rehaussent l'éclat des cérémonies paroissiales en portant, heureuses et fières, un grandiose flambeau, surmonté d'un superbe chapeau de roses paré de rubans bicolores (1) à bouts flottants.

Quant à la redevance féodale du *miroir*, aussi singulière que celle du *chapeau de rose*, la tradition prestigieuse de son objet a subsisté jusqu'en 1876 à Esquerdes que l'on sait la plus importante des seigneuries constitutives de la baronnie d'Elnes.

Chaque année, dans l'après-midi du premier dimanche de mai, jour destiné à tirer le *geai*, les archers du village, qui avaient entendu, le matin, la grand'messe chantée à leur intention, se rendaient en ordre de bataille, le drapeau déployé et aux airs du racleur, dans la pâture du château appartenant au xve siècle à Jean du Bois de Fiennes (2), et au tireur dont le beau coup jetait à bas l'oiseau d'honneur, perché au faîte du « pal » ou « pau », longue pièce de bois taillée en pointe, était dévolu, outre le collier surchargé de plaques en cuivre du patron, un *miroir* paré d'un ruban bleu.

(1) Bleu et blanc.
(2) Bouthors, *Coutumes locales du Bailliage d'Amiens,* Recueil II, au mot : *Esquerdes,* seigneurie, p. 659.

Aussitôt que le héros de la flèche avait été reconnu « nouveau roi » par les sociétaires et acclamé par la foule des curieux, le cortège se reformait pour prendre le chemin de l'église et là, au moment où le lieutenant de la confrérie plaçait le drapeau, remarquable par son image de « Monsieur Saint Sébastien » entre la statue du patron et le flambeau allumé du Saint, M. le curé entonnait de sa bonne voix le *Te Deum* au son de la cloche paroissiale. Puis sa majesté, toujours précédée du joueur de violon et suivie de son escorte, apparaissait au milieu des jeunes filles de la commune réunies pêle-mêle sur la place de l' « âtre », terrain de la danse et, tenant entre ses deux mains le miroir, objet de toutes les convoitises, elle en montrait à l'une la face, à l'autre le revers, recommençait ainsi trois ou quatre fois, à l'hilarité de tout le monde, ce jeu de déceptions les plus amusantes et, après avoir égayé la joyeuse assemblée par ses lazzis de bon aloi, finissait par attacher le fameux *miroir* au cou de la fille d'un des membres de la confrérie.

Autre temps, autres mœurs ! Mais il n'était pas indifférent, ce semble, de rappeler ces fêtes d'autrefois tant aimées de nos pères, et dont le souvenir est déjà voilé dans la brume du passé (1).

(1) *Bull. Soc. Ant. de la Morinie*, t. X, p. 163.

Jean IV du Bois dit de Fiennes s'est marié deux fois. Il épousa, d'abord, Louise de Crève-cœur, fille d'Antoine, seigneur de Crèvecœur, par acte du 9 février 1493 signé des « compa-rans : haute et puissante dame Marguerite de la Trémoillle, dame de Dours, veuve d'Antoine de Crèvecœur, mère de l'épousée, et messire An-toine du Bois, évêque de Béziers, frère du conjoint (1). Resté sans enfant de sa première femme qui mourut au mois de janvier 1498, il convola avec Guyotte de Brimeux, fille de Guy, chevalier de la Toison d'or. Sa deuxième femme ne lui donna qu'une fille, Anne du Bois dite de Fiennes, décédée célibataire en 1516. En vertu donc du droit féodal, la baronnie d'Elnés tomba aux mains de son frère consanguin, Charles du Bois de Fiennes, qui suit.

Ce premier baron d'Elnes avait quatre sœurs germaines. — I. *Catherine du Bois de Fiennes*, l'aînée, épousa Artus de Moreul-Soissons, seigneur du Frenoy et gouverneur de Thérouanne en 1523. Le maréchal d'Esquerdes, oncle maternel de l'épouse, assista avec plusieurs seigneurs au contrat de mariage passé l'an 1481. — II. *Mar-guerite du Bois de Fiennes* se maria l'année suivante 1482 à Jean de Roye, fils de Mathieu, seigneur de Breteuil, qui fut député par Philippe, duc de Bourgogne, l'an 1495 pour la paix d'Arras,

---

(1) Archives déjà citées de M. le baron de Terbecq.

et de Catherine de Montmorency. En raison de sa brillante alliance d'Esquerdes fit donner à sa deuxième nièce par Jean III du Bois, son père, la terre de Barlin et une rente de 150 livres inféodée sur la vicomté de Fruges. — III. *Louise du Bois de Fiennes* s'unit, par contrat du 7 octobre de la même année 1482, à Jean de Crèvecœur, fils aîné d'Antoine de Crèvecœur, du Beauvaisis, le frère consanguin du maréchal d'Esquerdes. — IV. *Jeanne du Bois de Fiennes* prit en mariage, l'an 1483, Jean de Coupigny, seigneur d'Avion, ainsi qu'en témoigne l'acte conjugal où « sont comparans : noble et puissant seigneur Jean, sire du Bois d'Ennequin, père de la mariée, et noble et puissant seigneur, Jean de Coupigny, sire d'Avion, père du marié » (1).

Charles du Bois de Fiennes
2ᵉ baron

Notre ancien régime féodal établissait le droit de masculinité. Son principe rendait les femmes inhabiles à hériter une baronnie. Toute terre ayant ce titre entraînait pour l'occupant des devoirs personnels, notamment le service mili-

(1) Archives de M. le baron de Terbecq.

taire (1). Jugées incapables de porter les armes et n'allant pas de leur personne à la guerre, les filles se voyaient en vertu de cet argument exclues de la succession du fief principal ou dominant (2). Cette disposition avait pour but de maintenir l'intégrité des domaines, la splendeur des familles nobles, les privilèges du seigneur suzerain.

C'est ainsi qu'à la mort de Jean IV du Bois de Fiennes, qui n'avait pas d'héritier direct, les quatre sœurs germaines du premier baron d'Elnes furent primées par leur jeune frère consanguin et la seigneurie du village échut juridiquement à Charles du Bois de Fiennes.

Notre deuxième baron est l'aîné des deux enfants du second lit de Jean III du Bois, lequel, devenu veuf de Catherine de Caumesnil qu'il avait épousée, le 17 octobre 1451, se remaria, le 22 juillet 1480, à Jeanne du Bois de Fiennes, sa parente, fille de Laurent du Bois dit de Fiennes, seigneur de la Bourse, et de Nathalie de Bours.

Charles du Bois de Fiennes abandonna le surnom *du Bois* avec sa bordure de gueules (3) et

(1) Suivant le droit commun admis à cette époque en France, comme en Italie, en Angleterre et en Allemagne, les barons et tous les vassaux étaient tenus de prendre les armes et de se rendre au lieu désigné, lorsqu'ils en étaient requis par le roi.

(2) *Licet filiæ ut masculini patribus succedant, legibus tamen a successione feudi removentur, similiter et earum filii.* (Consuet. feudor. lib. 1, t. I. p. 8 à 21, lib. 2, t. II.)

(3) Le Roux, *Recueil de la noblesse de Bourgogne, Luxembourg, Artois,* p. 118. (Édit. Lille, 1715.)

se qualifia *de Fiennes*, vocable patronymique de sa famille en Boulonnais.

Il ne fit qu'imiter en cela son frère consanguin, Monseigneur Antoine du Bois, évêque de Béziers.

Ce prélat magnifique, très fier du nom illustre qu'il portait, s'ingénia à faire reproduire le blason des *de Fiennes* « d'argent au lion de sable », non seulement sur son sceau personnel et la reliure de ses livres, mais aux fenêtres de son logis abbatial, aux vitraux, au jubé, aux stalles de l'église (1).

On n'a pas oublié l'acte patriotique par lequel Jean du Bois, Ier baron d'Elnes, et son frère Antoine, évêque de Béziers, engagèrent tout spontanément les biens considérables qu'ils avaient en Flandres, en Artois et dans le Boulonnais pour la rançon de François Ier imposée par l'empereur Charles-Quint.

Le roi de France leur manifesta à l'un et à l'autre sa gratitude. Il visita solennellement, l'an 1533, l'évêque de Béziers, qui alla recevoir sa Majesté à la porte du Pont-Rouge et la conduisit en grande pompe à la cathédrale (2). Il récompensa le baron d'Elnes, Jean du Bois, en donnant pour lui et ses enfants le titre de comte de Chaumont-en-Bassigny (Haute-Marne). Telle

(1) *Mém. de la Soc. Acad. d'archéologie, sciences et arts du département de l'Oise*, t. VIII, 3ᵉ partie, p. 564.
(2) *Gallia christiana*, t. VI, p. 366.

est l'explication historique de la note suivante qu'on lit dans les documents officiels du temps : « Charles du Bois de Fiennes, héritier féodal de ses deux frères, fut le premier qui ajouta à ses nombreuses qualifications le titre de Saint-Chaumont, en vertu de l'engagerie faite par *Antoine du Bois, evecques de Bezieres* (sic) pour la rançon de François Ier, de tous les biens que la famille avoit sous la dominination de l'empereur Charles-Quint, pour seureté du traité de Madrid (1). »

Charles de Fiennes se comporta en loyal baron dans la campagne de 1544, qui marque l'une des plus belles pages de l'histoire de Boulogne. Il servit la France et lui porta le secours de son bras. Cette fidélité pour son véritable souverain coûta au deuxième baron d'Elnes le château d'Heuchin, qui lui fut confisqué par l'irascible Charles-Quint. La possession héréditaire de la terre et « vasselerie » d'Heuchin dans la maison des *de Fiennes*, vicomtes de Fruges, remontait au mariage avec Marie d'Azincourt de Robert Ier de Fiennes, fils cadet d'Enguerrand II de Fiennes, seigneur de Tingy, au XIIIe siècle.

Il y aurait peut-être un certain intérêt historique de comparer cette désastreuse campagne de 1544-1545, et la guerre actuelle de 1914-1917.

Antoine Paré, premier chirurgien de Henri II,

(1) Archives de M. le baron Huyttens de Terbecq (Bruxelles).

roi de France, assista aux opérations militaires qui eurent lieu dans notre pays au milieu du XVI⁰ siècle et, comme chirurgien de talent, il eut la mission officielle d'opérer les plaies d'armes à feu (1).

De ses multiples cures, l'une des plus heureuses fut la guérison de François de Lorraine, duc de Guise, blessé devant Boulogne d'un violent coup de lance regardé comme mortel.

Voici le récit textuel que cet habile opérateur, surnommé le *Père de la chirurgie française*, en fait dans son *Traité de médecine* sous les titres de *Voyage de Boulogne* (pp. 903, 266) et *Voyage de Hedin* (pp. 909-915) : « Je n'avois repos ni jour, ni nuict à penser les blessés, à garir les playes d'arquebuze, de pierrier, de lance, à tirer les balles des corps, à amputer bras et jambes déchirés par des coups de canon, de fougasse, de grenade. Des mines estoient faictes pour renverser entièrement nostre chasteau s'en dessus dessous et quand leur artillerie tiroit tout nostre chasteau branloit sous nous comme un tremblement de terre. La cavalerie s'enferroit dans des chausse-trapes, nos soldats foisoient souvent saillies sur les ennemis, auparavant (avant) que leurs tranchées fussent faictes, là où j'eus beaucoup de besogne taillée. »

(1) *Les œuvres d'Ambroise Paré conseiller et premier chirurgien du Roy*, VII⁰ édit. 1564. (Bibl. communale de Boulogne-sur-Mer.)

Ce tableau, plein d'enseignements, ne montre-t-il pas à merveille que le progrès ayant gâté l'homme au delà de la maturité, celui-ci en revient aux idées des temps passés.

Dans ce fait constant et universel de la guerre (1), sur la manière de se détruire réciproquement (2), la lutte farouche de l'homme, à l'heure qu'il est, ne rappelle que trop, en dépit des conventions naturelles et des règlements conformes à l'humanité, le *bella horrida* (3), *bellaque detestata matribus* (4) des poètes latins. La ville prise devient, aujourd'hui comme jadis, la proie du vainqueur, sans aucune réserve de qui ou quoi ce soit. Et, d'un autre côté, les vieilles méthodes ont survécu au perfectionnement des armes. On pratique au vingtième siècle les tranchées dont parle déjà Tite-Live, on riposte avec des grenades à main ou « astioches », ainsi appelées dans des documents du IIe siècle de notre ère, aux bombes lancées par l'ennemi, on sème par centaines à la fois les traîtres engins que César a décrits à l'occasion du siège d'Alésia, petites machines en fer à quatre pointes aiguës (5), dont les prototypes

(1) De Maistre, *Considérations sur la France*. chap. III. De la destruction violente de l'espèce humaine, p. 40.

(2) La Bruyère, *Les Caractères*.

(3) Virgile, *Œnéide*, VII, 86.

(4) Horace, *I od*. I. 24.

(5) César, *de bello gallico*. lib. VII, cap. LXXIII. Ante hœc talea (chausse-trapes) omnibus locis disserebantur, quos stimulos nominabant. Au temps de César, les chausse-trapes étaient des instruments en fer similaires des engins modernes,

préhistoriques en silex se voient au Musée de la
ville dans la vitrine XX, n⁰ˢ 4987 et 4988 de la
collection paléolithique et néolithique trouvée
dans les environs de Lumbres (6).

Le deuxième baron d'Elnes, Mgr Charles du
Bois de Fiennes, était l'homme le plus considérable de la vallée de l'Aa, d'après le nombre et
l'importance des rapports qui lui sont servis, par
1° Jehan Costart, escuier, pour le fief du *Ballin*,
situé sur Blendecques et tenu de la seigneurie de
Bientques « appartenant, le 20 nov. 1530, audit
baron d'Eulle, comte de Chaumont, vicomte de
Fruges, sgr d'Esquerdes, Heuchin, Annequin,
Vermelles, etc ; 2° Pierre Lequestre, bourgeois
de Saint-Omer, pour le tènement nommé la terre
de Pas, relevant de la seigneurie de Bientques,
le 2 nov. 1538 ; 3° Vallerand Decröix, pour le
fief de *Lespinoy*, tenu de la seigneurie de
Bientque, le 26 nov. 1538 ; 4° Simon Prevost,
escuier, sʳ d'Heghes, demeurᵗ à Lumbres « pour
luy bailler et accorder à rente perpétuelle 37 mes.
de bois en 2 pièces, l'une le *grand bois de
Lumbres*, contenant 26 mes., et l'autre pièce, le

c'est-à-dire formés de quatre pointes aiguës disposées en
triangle, de façon que le *calcitrapa*. mot dérivé du substantif,
calx, talon, et du verbe latin barbare *attrapare*, attraper,
prendre (Ménage), tombât assis sur trois pointes avec la quatrième dressée. On jetait en abondance dans les rangs ennemis
ces piéges destinés à enclouer les chevaux et à blesser les
hommes.

(6) *Bull. Soc. Acad. de Boulogne-sur-Mer*, t. IX, p. 108.

petit bois de Lumbres, contenant 11 mes., le 18ᵉ jour de janvier 1541 ».

Il possédait aussi le château d'Edequines, près Wizernes, où les grands plaids, nommés *Franches Vérités*, s'étaient tenus pendant tout le moyen âge. Ce lit de haute justice, institué en vue de découvrir les auteurs des crimes et délits commis dans la région, disparut au xviᵉ siècle, mais les barons d'Elnes restèrent les propriétaires jusqu'en 1789 de la terre seigneuriale du vieux château fort.

Le deuxième baron d'Elnes, Charles du Bois de Fiennes, prit femme dans la famille des *de Lannoy*, qui compte parmi ses membres quinze chevaliers de la Toison d'or.

Il eut de Claudine de Lannoy, fille de Jean, seigneur de Mingoval, qui était conducteur de 200 hommes d'armes et gouverneur de Montreuil-sur-Mer en 1480, cinq fils et deux filles : I. *Eustache de Fiennes*, fils aîné qui suit ; — II. *Guislain de Fiennes*, fils second, qui devint amiral de France et, comme tel, fut mis par Henri III au service des Etats de Hollande, dont le gouverneur était François d'Alençon, le plus jeune frère de Charles IX. Cet amiral de France, qui portait le titre de *comte de Lumbres*, est mort célibataire à Paris et fut enterré dans l'église Notre-Dame ; — III. *Philippe de Fiennes*, seigneur de Bientques, décédé au château de

Gand. L'existence de ce troisième fils du second baron d'Elnes se constate dans la formule d'usage ainsi conçue d'un rapport et dénombrement : « A tous... Gilles Peppin, escuier, bailly de Biennecques (Bientque), avons reçu le rapport que Jacques Franchois fay à noble homme, *Msgr. Phillippes de Fiennes, sr de Biennecques (Bientques), Pihem*, etc., le 4ᵉ de may 1542 (1) » ; — IV. *Antoine de Fiennes*, seigneur de Vermelles. La terre de ce nom était entrée en possession des *de Fiennes*, vicomtes de Fruges, par le mariage de Jeanne de Lens, dame d'Annequin-Vermelles avec Jean Iᵉʳ du Bois de Fiennes, mort l'an 1385. Lequel Antoine de Fiennes épousa Robertine de Liévin. Ils procréèrent Charles du Bois de Fiennes, écuyer, seigneur de Vermelles, qui vendit le fief de ce nom, tenu du château d'Hesdin, à Jacques du Chatel de Blangerval, apparenté au baron d'Elnes par sa femme Jeanne du Bois de Fiennes, cousine germaine maternelle de Charles de Fiennes. Ce fait constitue l'un des mille cas probants de la fusion du sang et des intérêts familiaux chez les vieilles maisons féodales ; — V. *Jean de Fiennes* (2), religieux bertinien. Ce cinquième fils du baron

---

(1) Archives de M. le Dr Gros.

(2) *Joannes de Fiennes*, alias du Bois. filius D. d'Esquerdes, equitis aurati. Abiit in Angliam ; tandem pœnitentiâ ductus ad monasterium rediit. (Bibl. de Saint-Omer, M. 815 de D. Charles Deville, intitulé *Catalogus Bertiniorum religiosorum*. 912.)

d'Elnes partit pour l'Angleterre, rentra en France et se retira dans le monastère de Saint-Bertin, à Saint-Omer, où il mourut.

L'auteur du *grand cartulaire*, catalogué sous le n° 803 de la bibliothèque de Saint-Omer, déclare au sujet du 5ᵉ des fils de Charles du Bois de Fiennes : *Jean de Fiennes, alias du Bois*, qu'il était *fils du seigneur d'Esquerdes*. Henri de Laplane reproduit cette affirmation à la page 150 du tome II de ses *Abbés de Saint-Bertin*. C'est là une grosse anomalie.

Il est avéré par les historiens qu'Isabeau d'Auxy, femme du maréchal, n'a pas donné d'enfants à son mari. Mais s'agirait-il d'un fils de d'Esquerdes né hors mariage ? Cette supposition ne peut être que gratuite. Elle ne résiste pas, d'abord, à cette considération qu'entre la date de la mort du célèbre capitaine, survenue le 24 avril 1494, à l'âge de 76 ans et la date d'entrée en religion, le 16 mars 1558, du prétendu fils d'Esquerdes existe un écart de 64 ans, âge singulièrement avancé pour une prise d'habit monastique. Et puis et surtout, l'hypothèse a contre elle les auteurs qui identifient ledit Jean de Fiennes, *alias du Bois*, avec le 5ᵉ fils du 2ᵉ baron d'Elnes Entr'autres une généalogie documentée, citant les sources que possède M. le baron Huyttens de Terbecq, député de Bruxelles, qui est allié aux *de Fiennes, comtes de Lumbres*, par sa femme Jeanne-

Adelaïde-Marie de Mathorel de Fiennes, attribue à Charles du Bois de Fiennes, cinq fils dont le moins âgé : *Jean, moine à Saint-Bertin.*

Des deux filles du 2e baron qui nous occupe : *Jeanne de Fiennes,* l'aînée, épousa Jean Creton dit d'Estournelle, seigneur de Vendeuil, et *Marguerite de Fiennes,* la cadette, entra à Saint-Omer dans le couvent des Urbanistes ou Riches Claires, sœurs mineures de Sainte-Claire, de l'ordre de Saint-François, connues en France dès le milieu du xiie siècle (1).

Charles du Bois de Fiennes avait une sœur germaine, *Barbe du Bois de Fiennes,* qui épousa en premières noces François de la Rochefoucauld-Barbezieux, mort en 1516, et en deuxièmes noces, Guillaume d'Humières, gouverneur de Thérouanne. A l'exemple du 2e baron d'Elnes, la sœur de ce dernier quitta le surnom *du Bois,* pour reprendre celui *de Fiennes.* Dans ses *Généalogies* des principales maisons de France André Duchesne fait remarquer que *Barbe du Bois de Fiennes* descendait en ligne masculine de l'illustre et ancienne famille *de Fiennes,* en Boullenois, qu'elle quitta le surnom de *du Bois* et reprit celui de *de Fiennes* « pour éviter, dit-il, les confusions dans la suite des temps ».

(1) P. Anselme, t. VI, X V. *Charles du Bois de Fiennes.*

Eustache de Fiennes
3ᵉ baron

Au décès de son père, Eustache de Fiennes acquit la baronnie d'Elnes de par le droit féodal qui instituait l'aîné des fils héritier principal de la seigneurie ancestrale et en vertu d'un testament autographe, daté du 8 avril 1548 et signé : « Charles de Fiennes, vicomte de Fruges, baron d'Elnes, seigneur d'Esquerdes. »

Il épousa Gillette de Renel, fille de Louis, seigneur d'Audregnies et de Louise de Lannoy, alors qu'il était gentilhomme de la chambre de Marie d'Autriche, reine de Hongrie, et capitaine de 200 chevaux. On ne lui connait pas d'enfants de cette première union. Il se remaria le 8 juin 1555, à Jeanne de Sainte-Aldegonde, fille de Jean, seigneur de Noircarmes, premier sommelier du corps de Charles-Quint.

Le 3ᵉ baron d'Elnes était l'arrière-neveu maternel du maréchal d'Esquerdes. Ce fameux homme de guerre avait choisi pour lieu de sa sépulture la cathédrale de Boulogne-sur-Mer et ordonné par testament « le dépost de son corps devant l'Image de sa chère Maîtresse ». Il fit à l'église le don de quatre lampes d'argent et une rente de 90 livres à prendre sur tous ses biens.

Or, il existe aux archives de la ville un titre ratificatif de cette pieuse donation. L'acte a été dressé au château d'Elnes et porte la date du 18 octobre 1565. En voici la disposition essentielle :

«—. Fut present en Sa personne Noble homme Eustache de Fiennes, chevalier, seigneur d'Esquerdes, sous-neveu et heritier de feu haut et puissant Seigneur Messire Philippe de Crèvecœur en son vivant Seigneur dudit lieu d'Esquerdes, Maréchal de France, Senéchal et gouverneur du Boulenois ; Et a reconnu, que pour accomplir l'intention pieuse dudit Seigneur Maréchal son bis-oncle, par laquelle entr'autres choses il auroit ordonné quatre Lampes ardentes, au devant de la représentation de l'Image de la Vierge Marie, en l'Eglise et Abbaye d'icelle Vierge en la ville de Boulogne sur la mer, et pour l'entretenement et lumiere d'icelles, donné et assigné sur tous et chacuns ses biens, fiefs, seigneuries et heritages, la somme de quatre-vingt-dix livres tournois monnoye de France, de rente annuelle et perpétuelle, payable aux jours et termes de S. Remy et Pasques, sçachant par ledit sieur comparant cela estre véritable, désirant par luy à ce fournir : pour ces causes, il auroit et a de nouveau ratifié, agréé, et approuvé ladite fondation de semblable rente annuelle...... Si a promis outre et par-dessus ce ledit Sieur comparant de, à ses propres frais et dépens, faire faire une verrière, et icelle faire mettre et apposer au haut du Cœur de ladite Eglise et Abbaye historiée et armoriée, au bon plaisir dudit sieur comparant... »

Ni l'un ni l'autre de ces deux engagements fut tenu par le 3e baron d'Elnes « soit, disent les auteurs du temps, à cause des grandes guerres qui sont survenues depuis, soit à cause des diverses révolutions arrivées à la maison de ce dernier contractant ».

Et, en effet, Eustache de Fiennes avait secrètement épousé les idées de la Réforme à la suite du sieur de Morvillers, gouverneur de Boulogne, et de Me Fursy de Fiennes de la Planche, avocat de la ville. La connivence de ces trois personnages à se jeter avec une impétuosité étourdie dans les bras d'une hérésie dont au début ils n'aperçurent pas toute la portée religieuse, s'explique autant par leur parenté que par leurs ambitions nobiliaires.

Le sieur de Morvillers que le roi de France, François II, avait nommé gouverneur de Boulogne et du Boulonnais, le 16 septembre 1559, appartenait à l'illustre maison *de Lannoy.*

Il se nommait Louis de Lannoy et devait sa qualification de « sieur de Morvillers » à Raoul de Lannoy qui épousa en 1478 Jeanne de Poix, fille héritière de la terre de Morvillers-Saint-

Saturnin, et forma par cette alliance la branche proprement dite des « seigneurs de Morvillers ».

La famille des de Lannoy avait prospéré par acquisition, par faveurs et par alliances.

Le sang unissait Louis de Lannoy, petit-fils de Raoul, sieur de Morvillers et Eustache de Fiennes, 3ᵉ baron d'Elnes. Leur parenté s'explique ainsi : le père dudit Louis, François de Lannoy était le cousin-germain de Claudine de Lannoy, fille de Jean et nièce de Raoul, frères germains, et femme de Charles du Bois de Fiennes, 2ᵉ baron, à qui elle avait donné cinq fils dont l'aîné Eustache de Fiennes. Il s'ensuit que les deux plus influents promoteurs de la Réforme à Boulogne et à Saint-Omer se trouvaient être des cousins issus de germains.

Quant à Mᵉ Fursy de Fiennes de la Planche, avocat et échevin de la première des deux villes, il remontait, de même qu'Eustache de Fiennes, à Robert Iᵉʳ de Fiennes, fils cadet d'Enguerrand II, seigneur de Tingry en Boulonnais au XIIIᵉ siècle. Voici comment : Robert de Fiennes, Iᵉʳ du nom, seigneur d'Heuchin en 1260, s'était allié à Claude de Luxembourg qui lui laissa deux fils : le cadet, Henri du Bois de Fiennes, père de Henri II, l'auteur de la branche des seigneurs d'Annequin-Fruges ; l'aîné, Robert II de Fiennes, seigneur d'Heuchin, marié à Anne de Jausse, dit Mastain, dont deux fils : 1º Robert de Fiennes, 3ᵉ du nom, seigneur d'Heuchin ; 2° Gilbert de Fiennes, alias Guilbert, fils second, qui resta célibataire, laissant néanmoins un fils naturel dit de Fiennes, souche des de Fiennes de la Planche ou de la Plancque ; 3° Jacques de Fiennes, fils cadet, époux de Barbe de Rayneval, qui ont créé la maison de Rayneval.

Relativement à l'origine véritable des *de Fiennes de la Planche en Boulonnais*, la généalogie manuscrite, que je dois à l'extrême obligeance de M. le baron Huyttens de Terbecq, fournit ces explications textuelles : « Gilbert de Fiennes, écuyer, grand bailly des ville et cité de St-Omer sous Marguerite de France, comtesse d'Artois, suivant un extrait des registres des Etats d'Artois du 18 avril 1383 ; il était fils second de Robert II et d'Anne de Jausse mort à marier : laissant un fils naturel, dont la postérité subsiste encore du nom de *la Plancque* ou *la Planche*, dit *de Fiennes*, dans des charges de robe à Boulogne et à Calais, et dont la noblesse a été confirmée dans la dernière recherche. »

Ces renseignements inédits font bien connaître tout le parentage unissant nos trois gentilshommes si coupables en l'affaire de la Réforme au xvie siècle.

Louis de Lannoy et Me Fursy de Fiennes de la Planche, qui étaient à Boulogne les dépositaires de la force et de l'autorité publiques, au lieu de contrecarrer les Huguenots, favorisaient ces émeutiers par leurs perfides agissements. En l'année 1560, par exemple, quelques mois seulement après son arrivée, le « sieur de Morvillers quittait sans congé, licence et permission du roi » (1) son gouvernement de Boulogne et il allait se mettre au service du prince de Condé. Pendant cette absence qu'il savait mieux que personne, M⁰ Fursy de Fiennes de la Planche encourageait sans dissimulation les religionnaires.

Indigné d'une telle déloyauté, l'échevinage de Boulogne signifia à son collègue, le 10 janvier 1562, d'avoir à se prononcer ouvertement pour les catholiques et les huguenots, l'emploi d'avocat officiel de la cité étant incompatible avec sa manière d'agir dans la lutte des deux partis. La réponse de Mᵉ Fursy de Fiennes de la Planche n'est pas connue, mais tout porte à croire qu'il préféra se soumettre que de se démettre, vu que son nom figure ensuite sur les documents catholiques.

Deux mois après cet acte de protestation municipale (4 avril 1562) contre l'action des novateurs qui prétendaient substituer à l'ancienne religion une religion nouvelle et froide que le peuple ne voulait à aucun prix, le roi de France, Charles IX, disgracia Louis de Lannoy pour

____

(1) Lettre royale, datée de Melun, le iiiiᵉ jour d'avril 1562.

« avoir désemparé sa place de capitaine et gouverneur de Boullongne durant les troubles ».

Sur ces entrefaites Eustache de Fiennes, cousin
du « sieur de Morvillers », se compromettait dans
la révolte des *gueux* au profit de Guillaume de
Nassau, prince d'Orange, l'un des trois promoteurs de la révolution des Pays-Bas. Comme les
excès des briseurs d'Images exposaient ces adver-
saires de la régente, Marguerite de Parme, à la loi
martiale, le prince d'Orange chargea notre
3ᵉ baron d'Elnes, qui était son bras droit, d'aller
à Tournay retenir les confédérés. Un document
qui provient des archives du Souverain-Moulin et
mérite d'être connu, raconte le détail très expli-
cite de cette mission. « Vers la fin du mois de
juing dernier en cest an xvᵉ soixante six plusieurs
troubles et émotions populaires estoient adve-
nues en Tournay tant par le faict des presches et
et assemblées tenues, par ceulx de la religion
nouvelle, comme à l'occasion des abatz d'Images
et saccagement des églises monastères et aultres
lieux pieux estans en ladite ville... Pour ce
obvier et donner ordre à tous inconveniens qui
porroyent sourdre journellement... noble seigneur
Eustache de Fiennes, sʳ desquerdes, nous dit et
declaira de estre venu en ladite ville à la requeste
de hault et puissant monseigneur le prince
d'Orange, afin de suivant la charge par luy
donnée, contenir le peuple de ladite ville en toute

modestie et concorde, et ce par bonne corres-
pondance des ungs aux aultres et pour tous
meilleurs moyens dont l'on se polroit adviser...
Aquele occasion ledict sgr d'Esquerdes auroit par
environ l'espace de deuxz mois continuelz entendu aux desordres et inconveniens advenus et
qui polroient sourdre en ladite ville... l'avons
humblement remercié de tous bons offices qu'il
nous a montré volontairement jusques au 27e de
octobre an quinze cens soixante et six. »

Le 22 août qui suivit cette année 1566, l'année
terrible, Philippe II, roi d'Espagne, remplaçait
Marguerite d'Autriche, duchesse de Parme, fille
naturelle de Charles-Quint, qu'il avait laissée
dans les Pays-Bas pour gouvernante, par Alvarès
de Tolède, duc d'Albe. C'était substituer à l'ange
pacificateur le mauvais génie de la destruction
sans motif.

Dès son arrivée, le vieux soldat qu'était le duc
d'Albe établit un tribunal pour connaître des
violences commises pendant les troubles. Ce
« comité de salut public », composé de douze
juges impitoyables et nommé « conseil des
Troubles », avait à informer contre tous ceux qui
avaient été impliqués dans la *gueuserie*. On y
cita indistinctement les grands et les petits, et
de préférence tous ceux dont les richesses exci-
taient la cupidité de leurs juges ou de leurs
accusateurs. On fit le procès aux présents et aux

absents, et on procéda immédiatement à la confiscation de leurs biens.

Au nombre des victimes marquantes de la cruauté du duc d'Albe et du Conseil les historiographes du temps mentionnent Philippe de Fiennes, seigneur de Bientques. C'est le troisième des cinq fils de Charles du Bois de Fiennes, 2e baron d'Elnes. Arrêté en 1568 dans le palais de Cullembourg où le duc d'Albe avec ironie l'avait fait asseoir à une table splendidement servie, il fut enfermé au château de Gand, où il mourut au cours de sa détention. « A ce festin, dit Brantôme, avoit esté pareillement conviez le prince d'Orange et Eustache de Fiennes, frère aîné de Philippe ; mais ils sentirent la fricassée de loing, et se retirèrent en Allemagne ; ce qui fascha fort au duc d'Albe ; car il avoit fait dessaing, ce disoit-il, de pescher et prendre les grandz saumons, et laisser les petites truites et sardines. »

Dans son dépit le vice-roi des Pays-Bas confisqua les biens des fugitifs. Selon une estimation faite, le 24 janvier 1569, par le bailli lui-même, Georges Gosse, la taille réelle ou impôt foncier de la baronnie d'Elnes rapportait la somme de 1478 livres 9 sous. Sa terre ou seigneurie comprenait le château, toujours existant bâti sur 10 mesures ; la montagne et le bois d'Elnes, d'une contenance de 216 mesures ;

la cense d'Elnes de 150 mesures ; les prés, 29 mesures, le moulin au revenu annuel de 85 rasières de bled (1).

 Grâce à l'influence d'amis puissants, le cousin d'Eustache de Fiennes recouvra le commandement de Boulogne. François de Belleforest rapporte dans ses *Annales de France* (t. II, l. 6) que « le sieur de Morvillers arriva dans la ville, le 26 septembre 1567, accompagné d'une imposante escorte de cavalerie et d'infanterie. Cette troupe fut suivie, dit-il, d'un plus grand nombre de gens de guerre presque tous hérétiques et qu'il fit entrer pendant huit ou dix jours seulement à la file, pour mieux couvrir le dessein qu'il avoit de s'en rendre le maistre absolu ».

En France, comme en Angleterre, en Espagne et en Allemagne, il n'y avait plus à cette époque orageuse de patrie, mais seulement deux grandes ligues : des protestants et des catholiques en lutte incessante. Les Huguenots dominaient dans près de deux cents villes fortes.

A Boulogne, Anne de Viefville, femme du gouverneur de la ville, clamait contre les catholiques que les églises lui serviraient d'écuries.

A Saint-Omer, le cousin par alliance de cette fanatique, Eustache de Fiennes, baron d'Elnes, dirigeait la faction des « patriots » dont les me-

(1) Gros d'Arras, série C : Etats d'Artois. Cahier des centièmes de la paroisse d'Œulle ou Ennes-les-Wavrans établi en 1569.

nées recouraient à tous les moyens de propagande et de révolte.

Un jour, c'était le 7 janvier 1578, une lettre d'apparence mystérieuse fut trouvée à l'entrée de la porte boulenisienne. Elle était adressée au sieur Antoine Sinoquet, gros marchand salinier, qui était le principal agent du baron d'Elnes. Lisons-en la teneur : « Monsieur Sinoquet, J'ai reçu hier au soir une lettre de laquelle je voudrois bien vous communiquer, ou à quelqu'un de la ligue que vous sçavez les plus fidèles ; et comme le jour approche de mettre en effet une si bonne entreprise qu'avons ès mains, Je vous prie n'en faillir d'en donner ordre que convient, de sorte, qu'il ne manque rien à notre entreprise et promesse, vous asseurant que de mon costé il n'y aura faute, comme aussi ne feront nos amis du dehors qui commencent à approcher. Je ne doute pas qu'il ne vous souviendra de donner ordre pour envoyer quelqu'un des fidèles, pour leur déclarer l'heure et le lieu là où ils se mettront suivant notre dernière résolution qui me gardera d'en dire davantage. Faut prier Dieu nous donner le bon jour et sa grâce, me recommandant à la vostre de bon cœur.

« Votre entier amy à vous complaire,

« EUSTACHE DE FIENNES.

« Vous pouvez communiquer secrètement à ceux qui le méritent. S'il fut possible que le petit ami fut de la partie, Je m'assure que notre cas se porteroit que mieux. »

La suscription portait : A Antoine Sinoguet, lieutenant en la ville de Saint-Omer, et la lettre était aux armes des *de Fiennes*, vicomtes de Fruges, figurant un lion rampant et datée de « *Deule* (Elnes) dernier de l'an 1577 ».

Evidemment pareille missive n'était et ne pouvait être qu'un stratagème concerté avec l'orangiste ou partisan du prince d'Orange qui habitait le château d'Elnes.

Son destinataire fut mandé à la halle. Sinoguet comparut devant l'échevinage avec pleine assurance, entendit la lecture de la lettre saisie, en taxa le contenu de noire perfidie et déclara qu'il irait personnellement à Elnes pour avoir les explications voulues du noble signataire.

La manœuvre allait réussir. Eustache de Fiennes, qui avait pris avec lui le « petit ami », c'est-à-dire son frère Guillaume de Fiennes, sieur de Lumbres, arriva à Saint-Omer dans l'après-midi du 4 janvier 1478. Il se rendit sur le champ à la halle échevinale où se trouvait déjà Sinoguet, entouré de plusieurs esprits remuants. En présence des dix jurés, le baron d'Elnes exigea du grand bailli « d'avoir vision de ladicte lettre : Et en faisant l'exhibition, dict que de prime fache, il sembloit estre la sienne propre, et meismes qu'il at eu un cachet pareil à cestuy apposé à lad. lettre : néantmoings quelque paine que avoit faict le fabricateur d'icelle lettre, n'estoit la sienne, requérant à mesd. seigneurs que pour tel acte tant exécrable, il pleust à mesd. seigneurs luy bailler aide et assistence de convaincre ceulx qui peuvent estre autheurs d'un tel maléfice, duquel il est nect et pur (1) ».

Cette hardie protestation obtint le but visé. Elle surexcita l'effervescence populaire, et l'audace des factieux alla jusqu'à renverser le mayeur et lui substituer Eustache de la Viefville, de la famille d'Anne de la Viefville, femme du gouverneur de Boulogne que nous connaissons.

Mais Eustache de Fiennes ne finit pas mieux que son cousin, Louis de Lannoy, sieur de Morvillers. Celui-ci avait été expulsé de Boulogne avec sa suite par un arrêt royal du 25 avril 1568. A son tour, le baron d'Elnes, qui avait organisé le mouvement orangiste à Saint-Omer, fut chassé de cette ville vers la fin de 1578.

C'était pour la deuxième fois qu'une sentence de bannissement le frappait. Le 17 avril 1566, ainsi qu'il a été dit, le *Conseil des Troubles* l'avait déjà condamné au bannissement perpétuel et à la confiscation de ses biens avec son frère Guislain, *aliàs* Guillaume, amiral de France, seigneur de Lumbres.

____

(1) *Mém. Soc. Acad. de la Morinie*, t. XXI, p. 225.

Eustache de Fiennes, 3e baron, eut de Jeanne de Sainte-Aldegonde, sa deuxième femme, trois fils : 1° Charles-Guillaume décédé, à 16 ans ; 2° Philippe, mort sans enfants ; 3° Guislain, 4e baron qui suit ; et une fille : Jeanne de Fiennes, née en 1577, mariée à Philippe de Mérode, comte de Merken, dame d'honneur de l'archiduchesse Isabelle d'Autriche. Elle entra, le 30 avril 1613, après la mort de son mari, aux pauvres Clarisses de Saint-Omer à l'âge de 36 ans, malgré la résistance de sa famille (1).

Guislain de Fiennes
4e baron

Le quatrième baron d'Elnes a son nom inscrit sur la légende campanaire de l'église de Fruges.

Cette page d'airain en lettres capitales, hautes de 17^m/$_m$ pour les initiales et 3^m/$_m$ pour les courantes, couvre presque totalement la cloche. Elle est surmontée d'un groupe de têtes d'anges, placées de distance en distance, et bordée d'élégants rinceaux. Sous l'invocation : *Gloire à Dieu !* accompagnée de la devise : *Qui stat vidat (videat) ne cadat*, se lisent les noms et qualités des donateurs successifs de la cloche.

(1) *Ann. Bert*, m° 806 ; H. de Laplane, *Les Abbés de Saint-Bertin*, t. II, p. 230. Jean Hendricq, année 1613.

Leur énumération débute ainsi : *Année 1604. Je fus gravée du nom et des armes de Messire Guislain de Fiennes, chevalier, vicomte de Fruges* (1).

C'est par ce même personnage que Le Roux commence sa généalogie de la famille *de Fiennes*, comte de Chaumont, vicomte de Fruges, sieur d'Esquerdes. Et cet auteur nous apprend que « le 31 décembre 1595, *Guislain de Fiennes* a été fait et créé *chevalier* par lettres-patentes expédiées en la ville de Madrid (2) ».

Les annalistes du temps ont enregistré les épouvantables ravages qui désolèrent les villages disséminés sur la route de Saint-Omer à Boulogne-sur-mer et sur les bords de la rivière *Aa* jusqu'à Dohem pendant le siècle et demi de fer que dura la guerre entre la France et la Maison d'Autriche.

On y constate l'état d'hostilité permanente dans lequel les populations des gouvernements voisins, mais différents, du Boulonnais et d'Ardres vécurent les unes contre les autres, comme aux premiers temps de la féodalité. Tantôt, c'étaient les Français qui brûlaient et saccageaient les châteaux, les églises et les chaumières ; tantôt, c'étaient les Impériaux et les Anglais, leurs

(1) *Bull. Soc. Acad. de la Morinie*, t. XI, p. 461. Notice biographique relative aux personnages inscrits sur les cloches d'Esquerdes, Fruges et Avroult.
(2) *Recueil de la Noblesse*, p. 117 (Ed. 1715).

alliés, qui commettaient les pilleries et les incendies dans la même région.

Au commencement de l'année 1595, la guerre fut ouvertement déclarée entre le roi de France et le roi d'Espagne.

L'Artois, surtout dans la partie de ses frontières confinant au Boulonnais, en fut particulièrement victime.

Le 17 février les Français pillaient Esquerdes, Elnes, Wavrans, Rémilly, Cléty, où ils enlevèrent plus de 140 chevaux. Sachant que les villages situés au delà de l'Aa « estoient encore gras et bons prisonniers », raconte le chroniqueur audomarois Hendricq, ces mêmes Français « partisans du calviniste Navarrois (Henri IV) » passèrent la rivière à Setques, le 31 août de l'année suivante 1596. Leur but était de dévaster à nouveau la vallée de l'Aa. Mais les braves campagnards de Wavrans, Elnes et Lumbres s'armèrent et se joignirent aux soldats du comte de Rœux.

« Hardis comme lions, ne craignans pas la furie française », ils pourchassèrent l'ennemi jusqu'au mont Hulin, arrêtèrent leur poursuite devant les quatre bastions du fort que François Iᵉʳ y avait bâtis en 1545 pour empêcher les Anglais, maîtres de Boulogne, de communiquer avec l'Artois, qui appartenait aux Espagnols.

Cette forteresse constituait une sorte de paratonnerre attirant la foudre des chocs des plus meurtriers entre des hommes qui avaient la même origine, qui parlaient la même langue, qui professaient la même religion et le même culte.

Après la prise de Calais le comte de Bucquoy voulut prendre Desvres. Il se rendit maître du mont Hulin après trois jours de siège et remplaça son gouverneur, le sieur de l'Enclos, par le capitaine Nicolas de Catrice.

Le nouveau commandant de ce poste militaire (1) signala sa vaillance dans une aventure longuement décrite dans la chronique manuscrite du bourgeois Hendricq.

C'était le soir du 26 février 1598. Des *argoulets* ou arquebusiers à cheval de la garñison de Saint-Omer reconduisaient le capitaine Catrice à la garnison du mont Hulin. En passant à Lumbres, ce dernier entendit des coups violents et secs brisant des « cloces du costé d'Esne », devina quels étaient les auteurs de ce fracas nocturne et, malgré une brume épaisse, fit prendre à son escorte la voie sud qui mène en dix minutes à Elnes. « C'étoient, en effet, les Franchais qui entrés dans l'église cassoient les cloches pour les emporter et si (aussi) avoient prins le Ciboire au vénérable *Corpus Domini* (c'est-à-dire le vase sacré qui contenait les saintes espèces). »

(1) Le fort du mont Hulin fut démoli en 1678 après la réunion définitive de l'Artois à la couronne de France.

Afin de les surprendre à leur sortie, le capitaine Catrice posta ses hommes sous l'auvent des *huis* (portes), mais les « Franchois se sentant guettés » découvrirent derrière le maître-autel un autre petit *huis*, qui s'ouvrait sur la place de l'âtre (cimetière) et leur permit de s'esquiver, sauf « 4 ou 5 prisonniers et quelques blessés ».

En ces temps calamiteux l'église était, après le château féodal, le monument le plus solidement construit du village. On s'y réfugiait à la première alerte et on la mettait en cas de défense. On enfermait dans l'église le bétail, le froment, le foin, des meubles et tous objets que l'on tenait à soustraire au pillage.

Le 7 novembre 1597, les habitants d'Elnes et Wavrans, ayant su que les Français recommençaient leurs pillardes incursions à Hallines et à Setques, se retirèrent dans leur église respective, s'y fortifièrent et firent le guet. Trois jours après, le 10, l'ennemi descendait dans la vallée, s'arrêtait aux deux villages et se mettait à attaquer les porches des églises qu'il fit sauter à l'aide de pétards (1).

Pour arriver à ouvrir une brèche praticable ou enfoncer une porte, il a fallu certainement multiplier les coups et les heures d'efforts. En ce

____

(1) *Pétard*, petite pièce d'artillerie ou machine de métal chargée de poudre pour démonter et enfoncer les portes de ville. (*Dict. ét. de la lang. franç.*, t. II, p, 208, par Beausset de Roquefort, édit. de 1829.)

temps-là la poudre laissait à désirer. Faute de salpêtre non épuré, elle fusait et s'enflammait lentement. Toutefois les balles de plomb et de fer que les arquebuses et les mousquets à mèche et à rouet vomirent si abondamment sur les tours et les murs des deux édifices religieux voisins d'Elnes et Wavrans offrent toujours à la curiosité leurs historiques cicatrices.

Par contre, à Dohem, l'ancienne église a vu ses pierres blanches séculaires, qui portaient les mêmes honorables blessures, servir aux fondations d'un vulgaire bâtiment de briques.

Ce village s'est plu néanmoins à conserver des témoignages intéressants de ses anciens malheurs.

Presque toutes les maisons ont les deux piliers de leur barrière d'entrée surmontés chacun d'une boule de grès en guise de chapiteau. Ce sont des boulets de bombardes et de canons. Sous Louis XI, la fonte commença à se substituer à la pierre. Mais les projectiles en grès ne furent totalement abandonnés que dans le courant ou plutôt vers la fin du XVIᵉ siècle.

Ces sortes de boulets ont 0ᵐ,18 environ de diamètre. Le musée de la ville en a quelques échantillons identiquement pareils.

Maintenant, et les historiens s'accordent à le dire, la conduite des soldats espagnols n'était pas moins atroce et inavouable que celle des Français.

Depuis plus de six mois, le régiment du comte de Bucquoy pillait, incendiait, ravageait, détruisait, comme le fait un vainqueur insolent qui a besoin de subsister sur le sol conquis.

Il fallait obtenir la fin de tant de maux et, pour cela, débarrasser le pays des gens de toutes races, sans foi ni loi, qui formaient ce corps de troupes.

En réalité, il n'y avait qu'un seul homme capable de lui rendre ce service. C'était le baron d'Elnes. On va le comprendre.

Le comte de Bucquoy s'appelait de son nom de famille Charles de Longueval.

Ce personnage considérable qui prenait, de son château où il vivait tranquillement près d'Arras, fait et cause pour son régiment de soudards, était le beau-frère du baron d'Elnes, Guislain de Fiennes, ainsi qu'en témoignent les signatures ci-après du contrat de mariage passé à Arras le 15 novembre 1587 : « haut et puissant Eustache de Fiennes, haute et puissante dame Jeanne de Sainte-Aldegonde, les père et mère du conjoint : Guislain de Fiennes, baron d'Elnes, noble seigneur Guillaume de Fiennes, sieur de Lumbres, son frère, et du côté de la conjointe : Jeanne de Longueval, née à Arras en 1569, haute et puissante dame Marguerite de Lille, sa mère, femme de haut et puissant seigneur Maximilien de Longueval, et messire Charles de Longueval, comte de Bucquoy, son frère. »

Cette illustre alliance figurait sur l'une des fenêtres de l'antique église de Fruges, qui a disparu en 1865. Très heureusement les épitaphiers Mulotau de Villerode et d'Havrincourt en ont retenu la composition héraldique que le chanoine Robitaille, dans sa monographie sur Fruges (1) et M. R. Rodière dans l'*Epigraphie du département du Pas-de-Calais* (2), ont commémoré de cette façon : *A la maitres(se) verriere du cœur et peint un seigneur et une dame vestue de cotte et manteau d'armes de la maison de du Bois de Fiennes et de Longueval.*

D. B. de Fiennes. Longueval.

L'écu en question se lit : Guislain de Fiennes portant « d'argent au lion de sable » uni en mariage à Jeanne de Longueval aux armoiries : « bandé de vair et de gueules de 6 pièces ».

Assurément notre quatrième baron d'Elnes était tout qualifié pour intervenir auprès du comte de Bucquoy, l'informer des excès auxquels les troupes de son beau-frère se portaient dans les localités de ses propres seigneuries et tènements et vouloir l'éloignement de ce ramassis de « gens goulus », affirment les contemporains.

Au surplus Guislain de Fiennes était la personnalité terrienne la plus marquante des environs

(1) *Annuaire du diocése d'Arras*, pour l'année 1875, p. 299 ; *Dict. hist. et arch. du Pas-de-Calais*, arrond. de Montreuil, p. 156.
(2) T. IV, 3ᵉ fascicule, p. 49.

de Lumbres. Il tenait quatre fiefs ainsi dénommés : 1° d'*Esquerdes*, avec justice foncière et vicomtière ; 2° de *Tencques* en Lumbres ; 3° de *la Pouchainte*, séant au terroir d'Elnes ; 4° *Terre et seigneurie de Bientques et Pihem* avec justice foncière et vicomtière.

Sous ce rapport les limites territoriales du pouvoir judiciaire des barons d'Elnes étaient les limites mêmes de leur seigneurie, fiefs compris, sauf respect des droits particuliers que ces derniers pouvaient avoir.

Un incident rapporté par Hendricq montre combien ce point de juridiction territoriale était sévèrement observé.

« Année 1613. Le dimanche 27 mars au vilaige d'Aquin, proche d'Esne, y eut un garnement qui commit des grandes cruautés contre son beau-père et sa belle-mère ; la cause fut que pour les grandes tempestes dernières la maison de ce jeune homme avoit esté presque toute ruinée. Le beau-père ayant pitié de luy le reçut en sa main avec son bestail jusques à ce que le tout fut raccommodé. Ce misérable, au lieu de reconnaître la charité paternelle de ce vieillard, chaque fois qu'il entroit dans l'estable, il retiroit la nourriture du bestail de son beau-père pour la donner aux siens, ce qui lui fut reproché par le vieillard qu'au moins qu'il lui faisoit le bénéfice, il ne debvoit point user de telle malice en son endroit ; sur lesquels propos il y eut plusieurs reproches, en sorte que le jeune homme, plein de colère, s'en alla le long de la journée à la taverne ; vers le soir aiant le ventre rempli et la tête pleine de fumée de la boisson, se ressouvenant encore des reproches de son beau-père, retourna à la maison, entra en la chambre ou il estoit couché avec un baton en la main, duquel il frappa ce pauvre vieillard qui faisant de nécessité vertu se lève et print un cousteau duquel il blescha bien fort ce jeune homme au ventre, qui le mit en telle colère qu'aiant aussi un couteau il en donna tant de coups à ce vieillard qui le rendit mort estendu.

« De ce non content il fut assaillir avec le couteau la vieille mère et la blescha en plusieurs lieux tellement que l'on disoit qu'elle et son mari avoient recheus quelques 27 coups de couteau ; d'autres disoient que la matronne seule avoit rechueue 27 coups de couteau.

« La femme touste affairée, se pensant mettre entre eux, se saisit du cousteau pour le tirer des mains de son mari ; mais lui tout furieux le tira des mains de sa femme, en sorte qu'elle eut presque tous les doigts coupés. De ce non content, le misérable print le corps de ce vieillard et le jesta sur une botte d'estrain qu'il alluma pour le brûler.

« Ce fait, il s'en fut musser (se cacher) en quelque lieu de la maison. Mais le courroux de Dieu talonnant les cruautés de ce misérable, son péché estant meur., permit qu'il fut trouvé et mené prisonnier au *chasteau d'Esne.* »

Guislain de Fiennes était de par le droit féodal, le haut-justicier du lieu, vu qu'il possédait à Acquin maints fiefs, notamment les *bois* dits d'*Acquin*, qui existent toujours.

Or, dans le cas présent, il s'agissait d'un homicide incontestablement volontaire. On avait donné des coups mortels, on avait voulu tuer et, en fait, on avait tué. Le criminel méritait le *gibet*, peine qui fut d'ailleurs prononcée. « Quant à ce misérable meurtrier prisonnier, continue la chronique d'Hendricq, il eut le lendemain sentence d'avoir le poing coupé, puis estre pendu ; la sentence fut différée d'être exécutée jusqu'au mardi pour avoir l'exécuteur de la justice. Mais la même nuit ce misérable mourut de la plaie qu'il avoit rescheu au ventre. » Son cadavre n'échappa cependant pas à « la vergogne du supplice mérité ». Car Guislain de Fiennes fit dresser les fourches patibulaires à 4 piliers suivant son rang de baron et « la justice sortit son effet sur le corps qui eut le poing coupé, puis fut *pendu à un gibet sur le mont d'Esne* ».

L'emplacement de cette exécution capitale regarde à l'ouest la grande salle de justice du vieux manoir féodal et, au-dessus du flégard, le cadran de l'horloge de l'église du village, remarquable par son portail roman du xie siècle. Son lieu dit porte dans les anciens titres et au cadastre communal le nom de *croc de la justice.*

Un événement d'un autre genre attrista la fin de l'existence de notre quatrième baron.

« Le 20 décembre 1616, vigile de S. Thomas, raconte toujours le bon Hendricq, un garnement mit le feu dans la basse cour et estables du château d'Esne, demeure du vicomte de Fruges, messire Guislain de Fiennes. » Le baron perdit dans cet incendie ses plus beaux chiens et ses plus beaux chevaux, dont le prix fut évalué à 15.000 livres. Neuf des chevaux, qui purent être sauvés, furent remisés dans les écuries du monastère de Saint-Bertin, où l'un d'entr'eux, valant 1.500 livres, mourut de ses blessures. Sur une invitation gracieuse de l'abbé Guillaume Loemel, le vicomte de Fruges se retira temporairement au monastère avec quatre chevaux de voiture. A la nouvelle année, ce prélat fit cadeau au baron d'Elnes d'une des plus belles juments que l'on eût vues depuis longtemps. Par cette libéralité le 72e abbé de Saint-Bertin témoignait sa reconnaissance de la remise de 1.000 florins que Guislain de Fiennes lui avait faite sur le prix de vente de son immeuble de la rue du Brûle, évalué à 6 400 (1).

---

(1) *Anno 16 octobris 1614 emi a vice-comite de Fruges œdes ipsius juxtà scholas, 5.400 flor., nam 1 000 remisit. alioquin 6.400 œstimavit.* (M* 808. *Annales Bertiani,* fol. 69-70 de la bibliothèque de Saint-Omer).

Le 4e baron d'Elnes se maria deux fois. Il épousa, en premières noces, le 15 novembre 1587, Jeanne de Longueval, née à Arras en 1569, de Maximilien de Longueval, comte de Bucquoy, et Marguerite de Lille. De cette union vinrent trois fils et une fille : I. *Marc de Fiennes*, qui suit. II. *Andronique de Fiennes*, sieur de Lumbres. Le deuxième fils dudit baron suivit la carrière des armes sous la direction de son oncle maternel, Charles de Longueval, comte de Bucquoy, né à Arras en 1570. La guerre de Trente ans venait de commencer par la *defenestration* de Prague. C'est le nom donné aux actes de violence commis à Prague par les protestants, le 23 mars 1618, sur les conseillers impériaux, qui n'admettaient pas le redressement de leurs griefs. On saisit les deux commissaires de Mathias, ainsi que son secrétaire, dans la salle même de délibération, on les traîna à une fenêtre et on les précipita dans les fossés du château.

Cet incident mit le feu aux poudres. Au dehors, la Bohême tout entière s'arma ; au dedans, la faction protestante était plus nombreuse que le parti catholique. L'empereur Mathias fut contraint d'opposer la force à la force. Il leva deux armées dont il remit la conduite de l'une au comte de Bucquoy, Charles de Longueval, le beau-frère du baron d'Elnes, Guislain de Fiennes, père d'Andronique. Ce dernier y commandait une compagnie de cavalerie.

Le fanatisme triompha d'abord de la discipline ; Mathias mourut au milieu des hostilités et la maison d'Autriche allait apparemment succomber.

En montant sur le trône impérial, Ferdinand II laissa sa deuxième armée aux mains du comte de Bucquoy et nomma Andronique de Fiennes, sieur de Lumbres, lieutenant-colonel et gentilhomme de sa chambre.

Alors que tout semblait perdu, Charles de Longueval battit près de Budweiss son adversaire, le comte Ernest de Mansfeld, marcha sur Prague et conserva à Ferdinand le sceptre que ses ennemis voulaient lui arracher.

Malheureusement la journée historique de Prague, si elle valut à Bucquoy la célébrité « d'avoir glorieusement exposé sa vie pour la maison d'Autriche » coûta à ce grand soldat la perte de son neveu Andronique de Fiennes, qui fut tué en 1618 dans cette première action dite : *période palatine* de la guerre de Trente ans.

Chose remarquable ! tandis que le second fils du baron d'Elnes se battait et se faisait tuer à Prague au cri de : *Autriche*, Oudard de Fiennes de la Planche, alors mayeur de Boulogne, défendait et garantissait cette ville au cri de : *France*. Ce bizarre revirement de personnes d'un même sang familial montre l'un des résultats funestes qu'il faut attribuer à la différence de gouvernement entre le comté de Boulogne-sur-mer et le bailliage de Saint-Omer pendant les trois siècles de guerre entre la France et l'Autriche.

III. *Léandre de Fiennes*, duquel les Annales bertiniennes donnent cette note biographique sommaire : « Léandre de Fiennes, aliàs du Bois, fils de Guislain, vicomte de Fruges, et de Jeanne de Longueval, se retira novice en 1625 et se maria (1). » Sa femme Catherine Six, dame de Triestrie, lui donna un fils : Guislain de Fiennes, seigneur de Bientques, mayeur de Saint-Omer en 1696 à 1698, qui épousa Jeanne de Renty, dame de Upen, laquelle était veuve sans enfants d'Eustache de Fiennes, seigneur de Gruson, 2ᵉ fils de Marc de Fiennes, Vᵉ baron d'Elnes. Il portait : écartelé aux 1 et 4 d'argent au lion rampant de sable, armé et lampassé de gueules, aux 2 et 3 bandé de vair-appointé et de gueules, de 6 pièces. Couronne de comte.

On lui connaît un fils : François-Guislain de Fiennes, seigneur de Bientques, décédé célibataire, laissant un testament en date du 24 juin 1707, dont l'original existe aux Archives départementales, série B ; Conseil d'Artois 563, fᵒ 600ᵛᵒ.

L'acte fait connaître les neveux et nièces de ce membre de l'illustre famille de Fiennes. Il sti-

_____

(1) *Léander de Fiennes*, aliàs du Bois, filius illustris viri Guisleni, vice-comitis de Fruges, et Dᵃᵉ Joannœ de Longueval. Recessit formista anno 1625 ; posteà duxit uxorem. (Bibl. de Saint-Omer, Mˢ 815, *catalogus Bertiniorum religiosorum*, nᵒ 996.)

pule que 1° la seigneurie de Delettes et le fief de Radometz iront à Jean-Philippe de Fiennes, son neveu, cornette dans les carabiniers du duc de Bavière; le fief de Sambletun (cⁿᵉ de Coyecques) écherra à Guislain-François de Fiennes, petit-neveu, fils de Philippe-Léandre marié à Elisabeth Morand; 16 livres de rente annuelle reviendront à Léonore de Fiennes, sa nièce, et 20 livres à Austreberthe de Fiennes, sœur cadette de la précédente, toutes deux religieuses à l'abbaye cistercienne de Sainte-Colombe à Blendecques. A noter que la formule de la dernière de ces trois dispositions tes'amentaires qualifie *dame* Austreberthe, la plus jeune des deux nièces du testateur. Ce titre s'explique en ce sens qu'Austreberthe de Fiennes portait la crosse abbatiale; elle est citée la 40ᵉ abbesse dans la nomenclature des dames de Sainte-Colombe par Dutems (1). Elle mourut en 1767.

Le 4ᵉ baron d'Elnes, Guislain de Fiennes, eut avec Jeanne de Longueval, sa première femme, outre trois fils : Marc, Andronique et Léandre, une fille nommée *Candide de Fiennes*. Elle se maria à Lancelot Dessus-le-Moustier, seigneur de la Motte, né à Mons et baptisé dans l'église Saint-Germain le 20 septembre 1597, fils de Jean Dessus-le-Moustier, grand pensionnaire des Etats du Hainaut, et de Jeanne du Buisson Ce gendre

(1) *Histoire du Clergé de France*, t. IV.

du baron d'Elnes, resté veuf sans enfants, entra dans les ordres, devint chanoine de Cambrai et mourut le 8 mars 1675 (1).

Guislain de Fiennes convola avec Françoise de la Faye, fille de Jacques, seigneur de l'Espesse, conseiller d'Etat, président au Parlement de Paris, ambassadeur du roi près les Etats de Hollande, et de Françoise Dhaluit, baronne de Trésac.

Du 2ᵉ lit naquirent deux filles et un fils : 1º *Charlotte de Fiennes*, abbesse des sœurs de Sainte-Claire à le Perche (Normandie) ; 2º *Madeleine*, dame d'honneur de la duchesse d'Orléans, mademoiselle de Montpensier, qui s'unit en mariage à N. Garnier, écuyer ordinaire de monsieur le duc Gaston d'Orléans, frère de Louis XIII ; 3º *Charles de Fiennes*, mort à 8 ans et enterré à Elnes dans la « cave de ses ancêtres ». Cette locution désigne l'existence dans l'antique église du village d'une chapelle dite « castrale », servant de caveau de sépulture.

Les écrivains des XVIᵉ au XVIIIᵉ siècles emploient souvent le terme « cave » indiquant une crypte ou caveau mortuaire seigneurial.

A l'instar de nos anciennes et petites églises, l'édifice d'Elnes n'a qu'une nef et un bras de croix irrégulier formant une chapelle particulière. Celle de droite a le vocable de sainte Brigitte et

(1) Archives particulières de M. le baron de Borrekens, d'Anvers (Belgique).

présente un hagioscope donnant vue sur le chœur aux assistants ; celle de gauche, dont il s'agit, est connue de temps immémorial sous le titre de « chapelle des vicomtes de Fruges ».

Sur l'énoncé suggestif de plusieurs actes de décès que les vieilles archives locales enregistrent aux noms *de Fiennes, vicomtes de Fruges*, je fis ouvrir, le 6 mai 1893, le pavé de la mystérieuse substruction. Une barre de fer, maniée vigoureusement, fit sonner le creux et enfonça bientôt dans le vide. Il devint alors facile d'opérer un orifice suffisant à y introduire une échelle de descente. La « cave » sépulcrale a exactement les dimensions de la chapelle qui la surmonte, soit 3 mètres de longueur, $2^m,30$ de largeur et $2^m,05$ de hauteur ou profondeur.

Sa voûte en berceau est faite de briques rouges, d'une fraîcheur parfaite. Des maçons du pays, qui les ont examinées avec attention, ont reconnu à ces sortes de briques, longues de $0^m,23$, larges de $0^m,11$ et épaisses de $0^m,05$, la méthode de leur cuisson dans des *fours à bois* ; ce qui leur donnerait un degré de solidité supérieure.

Les murs latéraux sont en pierres sénoniennes de l'endroit, mais ils ont leurs parois très soigneusement rapées.

Un escalier également de briques, pareilles à celles de la voûte, part du centre de l'arcade romane formant l'entrée de la chapelle proprement dite et arrête son dernier degré au milieu du pavé de la cave funéraire.

Deux sarcophages en plomb attirent la curiosité. L'un, à tête angulaire, mesure 1^m,98 de longueur sur 0^m.42 de largeur ; l'autre, à forme humaine, long de 1^m,70, est orné d'une garniture en imitation d'écailles imbriquées. Ces deux tombeaux sont anépigraphes.

En face gisent un certain nombre de crânes, une douzaine environ, mêlés à des débris de cercueils en bois, dont les planches, épaisses de 0^m,03, sont bordées de jolis listeaux et recouvertes d'une couleur d'acajou, fraîche et vivace !

Marc de Fiennes
5e baron

Marc de Fiennes, en qualité d'aîné des trois fils du premier lit de Guislain, 4e baron, avec Jeanne de Longueval, hérita la baronnie d'Elnes sous le titre ancestral de vicomte de Fruges. Il épousa, le 29 janvier (aliàs le 16 juin) 1624, Madeleine d'Ongnies, fille héritière d'Eustache, seigneur de Gruson, près Lille, gouverneur d'Ostende en 1601, puis Hesdin en 1620.

Les archives publiques du gros d'Arras contiennent un acte de vente du 19 septembre 1626

par lequel Marc de Fiennes et Madeleine d'Ongnies, sa femme, cèdent à Baudouin de Croix la
terre et *vasselerie* d'Heuchin, avec rentes et
droits seigneuriaux, moulin à blé, terres, bois,
plus un château composé d'une tour blanche,
d'une maison de briques à double étage, entourée
de fossés et d'une basse-cour, le tout sur 15 à 16
mesures.

Marc de Fiennes tenait cette terre d'Heuchin,
plus importante comme droits seigneuriaux que
comme domaine, de Robert Ier de Fiennes, seigneur d'Heuchin en 1260, fils cadet d'Enguerrand II, seigneur de Tingry en Boulonnais.

Le 11 mai 1627, le nouveau gouverneur général d'Artois Maximilien de Sainte-Aldegonde,
venant de Renty, s'arrêta au château d'Elnes,
chez le vicomte de Fruges. Ce personnage considérable fit le lendemain son entrée officielle à
Saint-Omer, porté en litière d'apparat et accompagné de son hôte, Marc de Fiennes.

Député de la noblesse aux états d'Artois en
1651, le 5e baron d'Elnes mourut laissant trois
fils et une fille : 1° *Charles-Guislain*, qui suit,
2° *Eustache de Fiennes*, seigneur de Gruson, de
qui les anciens registres paroissiaux de Rémilly-
Wirquin contiennent la signature autographe au
bas d'un acte de baptême en date du 8 octobre
1655. Il donna son prénom *Eustace* au premier-né
des enfants d'Antoine de Beaucourt, seigneur
de Wirquin, et Marie-Anne de Balinghem.

Ainsi qu'en témoignent les textes latins, les quatre fils et les six filles de ces derniers furent indistinctement tenus sur les fonts baptismaux par les personnages les plus considérables de la contrée de Lumbres. Ce geste manifeste les relations excellentes que les grandes familles du pays avaient entre elles.

Ledit Eustache de Fiennes, chevalier, seigneur de Gruson, prit femme dans la maison de Renty, en épousant Jeanne de ce nom, dame d'Upen, ainsi qu'il a été dit. Il est mort sans postérité, étant mayeur de Saint-Omer, le 25 novembre 1675.

3° *Françoise-Thérèse* se maria, le 9 août 1647, à Maximilien de Lières, baron du Val, mestre de camp d'une terce (régiment) d'infanterie wallonne, comte de Saint-Venant et grand bailli de Saint-Omer sous les derniers ducs de l'Autriche et sous les rois d'Espagne, de 1653 à 1677, année de la reddition de cette ville à la France (21 avril). Sa fille aînée, Marie-Madeleine d'Ostrol de Lières, épousa Adrien-François de Béthune des Planques, fils de Pierre, seigneur d'Hesdigneul et de Jacqueline de Hibert. Celui-ci est l'auteur d'une branche, connue dans son origine sous le nom des seigneurs de Penin et, plus tard, sous celui des comtes de Béthune et de Saint-Venant, dont il sera parlé plus loin.

4° *Maximilien de Fiennes,* fils second de

Marc, 5e baron d'Elnes, porte le nom de comte de Lumbres.

Il prit en mariage Catherine-Cécile-Jeanne de Guernonval, dame de Bléquin, veuve de Jean-Baptiste de la Tour-Saint-Quentin, qui fut tué au siège d'Arras, le 27 août 1654.

De cette union naquirent quatre enfants : 1° Maximilien-François de Fiennes, 2e comte de Lumbres, qui suit ; 2° Josèphe-Antoine, abbé commandataire de Notre-Dame de Campagne ; diocèse de le Mans, mort vers 1721 ; 3° Alexis, chevalier de Malte, titre probant des seize quartiers de noblesse dont il était doté tant du côté paternel que du côté maternel. Ce gentilhomme appartenait à la compagnie des mousquetaires du roi à son décès, l'an 1687. La succession vacante fut régie par le comte de Lumbres, son père, selon un rapport et dénombrement trouvé dans des papiers relatifs aux seigneuries de la famille de Fiennes et servi, le 17 mars 1687, par Guillaume Fautrel « à Messire Maximilien de Fiennes, comte de Lumbres, colonel de cavaillerie et brigadier général des armées du Roy *curateur de Messire Alexis de Fiennes, son fils,* héritier de Messire Marcq de Fiennes, vivant viscomte de Fruges et sgr d'Esquerdes, Biencque, Pihen, Lumbre, Acquin, Wesbécourt, Wavrans, Remilly..., le 17 mars 1687 » (1). 4° Madeleine-

(1) *Bull. hist. Soc. Ant. Morinie,* t. XII, 236ᵉ liv. p. 821.

Françoise de Fiennes épousa en 1684 Alexandre-François de Croix, fils de Pierre-Félix et d'Eléonore de Sainte-Aldegonde, marquis d'Heuchin, guidon des gendarmes anglais dans la compagnie des ordonnances du Roy. En se mariant au petit-fils de Baudouin de Croix à qui son aïeul paternel, Marc de Fiennes, baron d'Elnes, avait cédé en 1626 la terre d'Heuchin, la fille du premier comte de Lumbres recouvrait un domaine ayant appartenu à sa famille et remontant au xiiie siècle. Elle portait donc à un double titre la qualification de « dame d'Heuchin ».

Maximilien de Fiennes, comte de Lumbres, était maréchal de camp des armées du roy à sa mort survenue en juillet 1714.

Maximilien-François de Fiennes, fils aîné du précédent, comte de Lumbres, fut créé marquis de Fiénnes suivant lettres patentes du roi de France Louis XIV, en date de l'année 1698.

Deux ans plus tard, il épousa Louise-Charlotte d'Estampes de Mauny, décédée le 23 février 1753, fille de Charles, marquis d'Estampes et de la Ferté-Imbault, chevalier d'honneur de Madame en 1681, et de Marie de Raynier.

Il était lieutenant-général des armées à sa mort survenue à Paris le 26 avril 1716 et laissait un fils héritier.

Charles-Maximilien, marquis de Fiennes, comte de Lumbres, est né à Lille au mois de septembre 1701. Nommé maréchal de camp en 1744, il mourut le 20 février 1750 à l'âge de 49 ans. Il avait épousé sa cousine maternelle, Henriette de Raynier de Boisseleau, fille d'Alexandre, gouverneur de Charleroi et de Françoise Choart, qui lui donna un fils et deux filles : 1° Chrétien-Maximilien de Fiennes, décédé le 22 avril 1747 ; 2° Marie-Charlotte-Eugénie de Fiennes, qui se maria, en mars 1751, à Edouard-Colbert de Maulevrier, né le 5 février 1706, et mourut sans postérité ; Adelaïde-Félicité de Fiennes, dernière descente du nom des *de Fiennes, comtes de Lumbres*, et deuxième femme de Marie-Joseph, marquis de Mathorel, chevalier de Saint-Louis, gouverneur d'Honfleur.

Son fils aîné, Auguste-Joseph-Félicité, né à Paris le 14 octobre 1753, écartela les armes des *de Mathorel* avec celle des *de Fiennes* et adopta le titre de Mathorel, marquis de Fiennes.

Il prit en mariage à Paris, le 7 janvier 1775, Marie-Angélique-Louise-Gabrielle de Lambertye par contrat signé du roi Louis XVI, de la reine Marie-Antoinette et de toute la famille royale. Il mourut à Paris, capitaine de cavalerie, à l'âge de 28 ans, le 16 décembre 1781, ayant un fils qui suit :

Auguste-Emmanuel-Maximilien de Mathorel, marquis de Fiennes, 2e du nom, naquit à Paris le 29 juillet 1777. Ecuyer d'honneur de son Altesse royale, madame la princesse de Bourbon-Condé, secrétaire-général de la Marine aux colonies, il épousa à Paris en secondes noces Adelaïde-Aladame de Ferrières, née à Paris le 28 avril 1785, décédée à Neuilly le 3 janvier 1864, lui-même étant déjà mort à Paris le 13 mai 1846.

On ne lui connaît qu'un seul descendant mâle légitime ci-après :

Charles-Emmanuel Palamet de Mathorel, marquis de Fiennes, 3e du nom, est né à Laon, le 7 février 1814. Il épousa à Paris, le 17 janvier 1856, Eugénie-Marie-Marceline Cubillon du Pont de Chavigneu, décédée au château de Montvillers, lieu dit du bourg de Bazeilles dans les Ardennes et n'eut d'elle qu'une fille héritière : Jeanne-Adelaïde-Marie de Mathorel de Fiennes.

Le manque d'enfant mâle en cette union du marquis de Mathorel, 3e du nom, avec la descendante par les femmes des *de Fiennes, comtes de Lumbres, de la branche cadette* des barons d'Elnes, vicomtes de Fruges, amena l'extinction du nom *de Fiennes.*

Née à Paris le 4 mai 1857, Jeanne-Adélaïde-Marie de Mathorel de Fiennes, dernière représentante desdits comtes de Lumbres, se maria au château de Montvillers, le 26 décembre 1877, à Alfred-Henri-Victor-Emile-Marie-Ghislain *baron Huyttens de Terbecq,* né à Saint-Josse-teu-Troode (Belgique, le 28 novembre 1851.

C'est à la grande obligeance de ce distingué membre de la Chambre des Représentants à

Bruxelles que sont dus nos renseignements inédits sur la famille des *Mathorel de Fiennes*:

Le 1er septembre 1870, les Allemands sacca-
gèrent abominablement le château de Montvillers, demeure de notre correspondant en France.
Mais les actes détruits ou disparus alors furent
reconstitués par la Commission après la Commune de Paris.

Au début de la guerre actuelle, le vandalisme
teuton s'attaqua au musée de Bazeilles, qui était
devenu un lieu de pèlerinage patriotique. Toutes
les reliques de 1870, réunies par la piété des
habitants, furent enlevées et transportées à Metz.
— Puissent les archives familiales de M. le
baron Huyttens de Terbecq, dont je viens de faire
état, avoir échappé à la sauvagerie systématique
des barbares du xxe siècle !

Charles-Guislain de Fiennes

6e baron

Dans sa monographie sur Fruges, le chanoine
Robitaille dit que l'ancienne tour quadrilatère de
la vieille église, qui est remplacée aujourd'hui
par un sanctuaire de style ogival du xiiie siècle,
logeait trois cloches.

Deux furent brisées en 1791. La Révolution

épargna la plus grosse nommée *Bertulphine-Robertine*, pesant 2.700 livres et mentionnant la date du 23 juillet 1749.

Sa légende vaut un chapitre d'histoire locale. Elle commémore les vicissitudes de la cloche en même temps qu'elle perpétue le souvenir de ses donateurs, qui sont autant de barons d'Elnes, de la branche cadette *de Fiennes*.

En tête de cette belle page d'airain se lit : Messire *Guislain de Fiennes*, 4º baron que nous connaissons. Il est l'aïeul paternel du 6º baron que l'inscription campanaire désigne dans les détails suivants : «... Par un feu du ciel en l'an 1693 nous fumes tous embrasés et refondus la même année par un zèle particulier de Messire *Charles-Guislain de Fiennes* chevalier vicomte de Fruges et Madame Philippine de Godine son épouse qui furent nos parrain et marraine... »

Fils héritier de Marc de Fiennes, 5º baron, mort en 1654, et de Madeleine d'Ongnies, Charles Guislain naquit au château d'Elnes, l'année 1624. Il épousa, le 14 octobre 1646, à Anvers (Belgique) Philippine-Marguerite de Godine, fille unique de Philippe de Godine et de Sibille Van de Berghe, et héritière des seigneuries de Cantecroy, Mortsel, Edighem, Folsem et Luythagen, en Brabant. Le contrat de cette riche alliance a été ratifié, le 18 décembre 1646, par Philippe II, roi d'Espagne.

A partir de son entrée dans la famille belge de

Godine, Charles-Guislain de Fiennes se fixa au château de Cantecroy, commune de Mortsel, près Anvers, devint grand bailli de Bruges et vécut en Brabant pendant toute l'existence de sa femme qu'il perdit le 28 septembre 1698. Elle fut inhumée dans l'église d'Elnes en Artois, ainsi que l'atteste l'acte mortuaire (1).

Notre 6e baron résida depuis au château de son village natal qu'il ne quitta plus et où il mourut le 11 juillet 1706, à l'âge de 82 ans. « Son corps fut inhumé dans la cave de ses ancêtres. » Telle est la formule invariable par laquelle les archives d'Elnes enregistrent le décès de chacun des membres de cette illustre maison.

Philippe-Marguerite de Godine avait donné à Charles-Guislain de Fiennes six fils et cinq filles.

D'après les actes de naissance qui ont été recueillis avec soin à Anvers, Malines et Cantecroy, l'aîné des enfants de cette nombreuse postérité était une fille, Marie-Philippine de Fiennes, née au château de Cantecroy, le 8 septembre 1647.

Héritière patrimoniale de son aïeul, Marc de Fiennes, par la renonciation de son père,

____

(1) Anno 1698, 28 sept. Mortua est nobilis Domina Philippina Marguerita Goddines, uxor prœnobilis Caroli Gisleni de Fiennes vicecomitis de Fruges, Baronis d'Enne, domini de Cantecroy, etc... et *sepulta in Artesiâ*. (Extrait des registres de l'état-civil de la commune de Mortsel, province d'Anvers).

Charles-Guislain, et de ses deux oncles, Eustache de Fiennes, seigneur de Gruson, et Maximilien, comte de Lumbres, Marie-Philippine de Fiennes, portait les titres de vicomtesse de Fruges, baronne d'Elnes, dame d'Esquerdes, Bientques, Wavrans, Remilly et autres lieux.

A cette baronnette allaient tous les rapports et dénombrements des fiefs relevant de la châtellenie d'Elnes.

Il a été parlé de l'institution de *la Rosière* dans l'article du 1ᵉʳ baron, Jean IV du Bois de Fiennes.

L'un de ces curieux documents, en date du 27 juillet 1696, dont je dois l'original aux descendants de Philippe Warenghen, bailli du 6ᵉ baron, Charles-Guislain de Fiennes, dit au sujet de l'institution des *Rosières* : « ... Et sy est deu de recognoissance pour chacun an jour de la dédicasse d'Eulne ung chappeau de rose à maditte Dam^elle pour elle ou son bailli le présenter à la plus belle fille de la dansse... »

Aux termes mêmes de cette clause, la lauréate semblerait redevable de son élection uniquement à la mignardise de ses traits, mais en ces temps de simplicité où il entrait plus d'âme que de réalisme dans les divertissements publics, la beauté morale prévalait sur les avantages physiques. C'est pourquoi le procureur fiscal, dont le rapport devait être agréé, au préalable, des notables du village, avait-il garde de ne présenter au seigneur d'Elnes qu'une jeune fille « de vie irréprochable et de bonne renommée ».

Cette dernière stipulation se répète en termes identiques dans presque tous les papiers relatifs aux seigneuries de la famille de Fiennes. Sa formule précitée émane du rapport qui fut servi « à Noble damoiselle Marie-Philippine de Fiennès, vicomtesse de Fruges, baronne d'Eulne, dame d'Esquerdes... par delle Marguerite du Val, veuve de Claude de Flahaut, écuier, sieur du Claroye, aliàs Cléroy.

Le nom de cette tenancière mérite plus qu'une citation.

Fille cadette de Guillaume du Val, écuyer, seigneur du personnat de Setques en Lumbres, y demeurant, et de Catherine de la Tour, fille du comte de la Tour, seigneur de Seninghem, morte le 25 novembre 1700 à 84 ans, Marguerite avait pour sœur aînée Catherine du Val, qui épousa en 1664 à Lumbres Nicolas Monsigny et eut de là dans sa descendance comme petit-fils, le célèbre musicien Pierre-Alexandre Monsigny, né à Fauquembergues, le 17 octobre 1729. Cette parenthèse n'est pas sans intérêt local.

Elle fait voir que le principal créateur de l'Opéra-comique a pour aïeule maternelle une habitante de Lumbres, Catherine du Val, et une grand'tante, Marguerite du Val, mariée le 24 juillet 1692 à Mre Claude Flahaut du Cléroy.

Des six fils de Charles Guislain de Fiennes et

Philippine-Marguerite de Godine, les trois premiers en âge : Charles-Alexandre, né le 17 mars 1649, Eustache, né le 11 mars 1650, Maximilien, né le 22 juin 1652, n'existaient plus au décès de leur sœur aînée, Marie-Philippine de Fiennes, restée fille et morte baronne d'Elnes, le 18 février 1720, à l'âge de 73 ans.

Conséquemment les titres et qualités de la noble défunte passèrent au quatrième de ses frères germains que le monument campanaire de l'église de Fruges fait ainsi connaître : « ... et l'année 1730 je fus cassée par accident et refondue la même année et gravée du nom et des armes de messire *Philippe-Marc de Fiennes* chevalier vicomte de Fruges... »

Celui-ci avait épousé dans l'église Saint-Georges à Anvers, le 18 juin 1718, Cornélie Van de Vyvère, née à Anvers, le 15 novembre 1637. Il coula ses jours paisibles dans cette grande et belle ville, y mourut sans hoirs le 21 avril 1728, et fut inhumé, le 23 suivant, dans le chœur de l'église de Mortsel.

En exécution de l'une des clauses testamentaires du défunt, son trépas fut sonné durant six semaines et trois fois par jour, par les cloches de Fruges et de ses seigneuries situées tant en Artois : Elnes, Lumbres, Esquerdes, Wavrans, Acquin, Remilly, Pihem, qu'en Brabant : Mortsel, Edighen, Folsem et Luythagen.

Entre temps, Jacques de Fiennes, 5e fils, était

mort tout jeune au château de Cantecroy, le 19 avril 1666.

Marc-Antoine de Fiennes, 6e fils, devenu mayeur de Saint-Omer en 1716 jusqu'en 1722 et décédé dans cette ville le 11 septembre 1732, n'avait pas laissé d'héritier. Par suite, la maison *de Fiennes*, de la branche cadette des vicomtes de Fruges, tomba en quenouille et la baronnie d'Elnes eut pour titulaire Thérèse-Marguerite de Fiennes, la deuxième des cinq filles que messire Charles-Guislain, 4e baron, avait de son union avec Madame Philippine de Godine.

Ladite Thérèse-Marguerite avait épousé, le 4 avril 1685, en l'église Notre-Dame de Malines, le colonel Edouard-Augustin Sandelin, né à Anvers, le 10 septembre 1610, de Jacques, seigneur d'Hérenthout et de Cornélie Cayero, petit-fils de Jérôme Sandelin, armé chevalier par l'infant d'Espagne (plus tard Philippe II), au moment de sa joyeuse entrée à Anvers, le 12 septembre 1549.

On lui sait trois fils : 1° Pierre Sandelin de Fiennes, 7e baron qui suit ; 2° Philippe-Jacques Sandelin, né à Merxem, le 2 mai 1690, ordonné prêtre à Notre-Dame d'Anvers le 22 décembre 1714, nommé chanoine de la collégiale de la ville de Lière (Brabant) en 1738 ; 3° Hyacinthe Charles Sandelin, marié à Anne-Barbe de Vos.

Avant de quitter cette grande dame, on aime à rappeler d'après les archives locales antérieures à la Révolution, la condescendance avec laquelle

elle acceptait, sans morgue comme sans peur de déroger, l'invitation de ses fermiers à tenir leurs nouveàu-nés sur les fonts et puis de constater son nom propre : *Thérèse-Marguerite de Fiennes* inscrit en tête d'une liste de treize cents associés à une confrérie du *Sauveur flagellé* que le frère Thibaut, capucin, originaire de Wavrans, érigea dans l'église paroissiale de son lieu natal de par un bref apostolique du Pape Benoit XIII, daté de Rome du 17 mars 1727, et de trois visas ou décrets, 18 janvier et 14 juillet 1728, de l'évêque de Boulogne, Monseigneur Jean-Marie Henriau (1).

Les trois autres filles de notre 6e baron, de même que les deux sœurs aînées et leurs six frères, vinrent au monde au château de Cantecroy (Belgique) : Madeleine-Candide de Fiennes en 1663, Lucie-Sibille de Fiennes le 13 octobre 1665, Françoise-Dorothée de Fiennes en 1673.

Le chanoine Hellin, écolâtre de Saint-Bavon à Gand, parmi les inscriptions tumulaires qu'il a recueillies en 1772 dans l'église paroissiale de Saint-Jean-Baptiste à Saint-Omer, reproduit la suivante :

de Fiennes,

Cy gist hautes et puissantes et très illustres Damoiselles, demoiselle MADELAINE-CANDIDE DE

(1) Notice sur l'ancienne confrérie de Jésus-Flagellé et ses prévôts (1728) par l'abbé A. Collet. *Calais, imprimerie des Orphelins*, 1898.

FIENNES D'ESQUERDES, *décédée le 23 février 1743,
agée de 80 ans. Demoiselle* DOROTHÉE DE FIEN-
NES, *décédée le 12 décembre 1741, agée de 68 ans,
et demoiselle* LUCIE-SIBILLE DE FIENNES DE CAN-
TNCROY, *décédée le... 17... âgée... ans, laquelle
a fondée pour leurs ames une messe chaque
mois à perpétuité à décharger en cette église;
six à l'honneur de la S. Vierge, et six pour le
repos des trépassés. Les dites Demoiselles Filles
de haut, puissant et très illustre seigneur
Messire* CHARLES-GUISLAIN DE FIENNES, *vicomte
de Fruges, comte de Chaumont, Baron d'Elne,
seigneur de Querdes et autres lieux, et de
Madame* MARIE-PHILIPPINE DE GODINES. *Dame
de Cantecroix et autres Lieux.*

Requiescant in Pace
*Ms Ch*ne *Hellin 1520,* fonds Gœthals.

Pierre Sandelin de Fiennes
7e baron

L'inscription companaire de l'église de Fruges
clôt l'énumération de ses donateurs sur le nom
qui suit : « ... Et en l'an 1749 je fus cassée et
refondue dans la même année et gravée du nom
et des armes de Messire *Pierre Sandelin* chevalier comte de Chaumont vicomte de Fruges. »

Ce personnage est le dernier baron attitré d'Elnes.

Né à Merxem, près Anvers, le 5 avril 1688, d'Edouard-Augustin Sandelin, seigneur d'He·renthout et Thérèse-Marguerite de Fiennes, deuxième fille des onze enfants de Charles-Guislain marié à Philippine-Marguerite de Godine, Pierre Sandelin épousa, le 7 décembre 1733, à Saint-Jacques d'Anvers, Marie-Suzanne-Philippine du Bois d'Aischc, née en 1710, fille de messire Arnould-Louis du Bois, chevalier, seigneur de Vroyland et Rosenberg et Marie-Catherine Vecquemans.

La fiancée apportait en dot « cent mille florins argent de change avec douaire annuel de quatorze cens florins, si elle venait à mourir la première » (1).

En raison du beau mariage qu'il contractait, le fiancé recevait de son oncle maternel Philippe-Marc de Fiennes, la *Baronnie d'Elnes*, d'un revenu annuel de 5.000 livres, ainsi que le village, seigneurie, terre et clocher de Wesbé·court.

D'après la minute du notaire André Vallée pour l'année 1733, déposée aux archives de la

_____

(1) Tous nos renseignements inédits sur la famille de *Sandelin*, unie en mariage aux *de Fiennes*, barons d'Elnes, vicomtes de Fruges, sont dus à l'obligeance de M. le baron de Horrekens, d'Anvers, arrière-petit-neveu de Marie-Suzanne-Philippine du Bois d'Aische, première femme de messire Pierre Sandelin, 7ᵉ baron.

ville d'Anvers, la seigneurie d'Elnes comprenait les immeubles dont la nature s'ensuit avec l'indication de leur valeur respective, hormis celle du château et de ses dépendances : jardin, pré, pature entourée de rivière, garenne, cloyé, bois de Wavrans, d'une contenance de 100 et 50 mesures en une seule pièce,

1° Le terrage au prix de huit pour cent sur 900 mesures situées au village de Wavrans rapportant   1200 livres

2° La ferme d'Elnes louée   1200 »

3° Le moulin à moudre bled   800 »

4° Le bois d'Elnes dont la coupe produit bon an mal an   500 »

5° Les prés d'Elnes de 15 mesures   375 »

6° Les près de Licques de 12 mesures et demie   375 »

7° Les rentes foncières en blé, avoine, chapons et casuels   500 »

8° Le village, seigneurie, terre et clocher de Wesbécourt valant   125 »

La jouissance effective de ses biens était subordonnée « à la charge et condition que le seigneur, futur époux, portera le nom de *Baron d'Enne* ». Cette disposition obligea Pierre Sandelin à quitter la Belgique pour habiter à Elnes le château féodal des ancêtres de sa mère, Thérèse-Marguerite de Fiennes.

Il y amena avec sa jeune femme le nommé

Verveliet, François, jardinier d'état et né comme lui à Mortsel, près Anvers. Ce belge se maria, le 10 février 1738, à une famille du village, Marie-Madeleine Legrand, et il créa une famille, dont les honorables descendants, qui résident à Elnes et Wavrans, sont réputés, de père en fils, les meilleurs horticulteurs des alentours de Lumbres.

La situation matérielle des ruraux d'avant la Révolution a été et est encore l'objet d'opinions extrêmes Pour les uns, selon la phrase si connue de La Bruyère, ce ne sont qu'un troupeau d'esclaves, courbés sur la glèbe et tremblants sous le fouet de leurs seigneurs et maîtres.

Il serait injuste d'attribuer aux anciens châtelains d'Elnes une semblable façon d'agir envers leurs manants.

On le sait déjà, les *de Fiennes, vicomtes de Fruges*, ne furent pas les derniers à introduire dans la localité de leur demeure seigneuriale l'institution de la Rose, aussi favorable à l'entretien des mœurs que parfaitement assortie au goût de l'époque.

Or il n'apparaît pas que messire Pierre Sandelin ait jamais démenti la simplicité des relations que ces devanciers entretenaient avec les rustres de leur village. Voici sur maints autres du même genre un trait que les vieillards d'Elnes ont appris de leurs pères et qu'ils se plaisent à raconter jovialement.

Un manouvrier travaillait au château. Sachant

que son noble maître avait l'habitude de sortir pour la chasse à l'heure du déjeuner, il se blottit dans un coin de la basse-cour et se fit avec art une mine piteuse. Le baron aperçoit son serviteur, remarque son air rechigné et, s'approchant, l'interpelle ainsi : « mon ami, pourquoi ne déjeunes-tu pas ?... » — J'allais le faire, monseigneur, quand l'un de vos chiens, courant à moi, a enlevé mon morceau de pain et je suis obligé de serrer le ceinturon. » Messire Pierre Sandelin mordit à la mésaventure, en rit et dit à son rusé inventeur : « accompagne-moi à la cuisine, je vais te faire servir un bon déjeuner ». Et les braves gens du pays, heureux de savourer l'anecdote qu'ils appellent plaisamment : « un bon tour joué jadis à notre baron, Monsieur Sandelin » d'ajouter : « le fin compère fit, ce jour-là, un repas de seigneur ! » Certes une pareille sorte de familiarité, on pourrait presque dire de camaraderie, que les vieux barons d'Elnes s'accordaient à l'égard de leurs serviteurs, contraste singulièrement avec le portrait que nous peint La Bruyère de ces « animaux farouches, noirs, livides, tout brûlés du soleil, qui montrent une face humaine quand ils se lèvent sur leurs pieds, se retirent la nuit dans des tanières et vivent de pain noir, d'eau et de racines ».

Après trois ans et demi de mariage, Pierre Sandelin perdit sa première femme, Marie-

Suzanne-Philippine du Bois d'Aische, le 26 juin
1737.

La jeune châtelaine d'Elnes ne put jouir de la
qualité de *vicomtesse de Fruges*. Philippe-Marc
de Fiennes, resté le titulaire du vicomté de ce
nom, vivait toujours. Ce n'est qu'après sa mort,
le 21 avril 1738, que le 7e baron releva tous les
titres de son oncle maternel.

Il y avait plus vingt ans que le 7e baron d'Elnes
vivait sans héritier, dans le veuvage, quand sa
nièce Marie-Josèphe Sandelin, fille de son frère
cadet. Hyacinthe Charles, capitaine d'infanterie
au service du roi d'Espagne Philippe II, et
d'Anne-Barbe de Vos, vint habiter le château
d'Elnes en compagnie de son vieil oncle, le haut
et puissant seigneur de la vallée de l'Aa. Elle
venait de perdre son mari messire Jean de la
Tour Ysolis mort, cette année même 1758, officier au régiment de Sa Majesté catholique.

Le 13 août de l'année suivante 1759 l'oncle
septuagénaire et sa nièce paternelle convolèrent
en deuxièmes noces.

Suivant l'acte que les registres dits de catho-
cité relatent au long comme une page d'histoire
locale, la célébration fut faite dans l'église d'Elnes
par Jean-Baptiste Fourdinier de Remortier, prêtre
docteur de Sorbonne, abbé commendataire de
l'abbaye royale de Doudeauville (canton de
Samer), en présence de maître Pierre-François

Clément, prêtre chapelain de l'église cathédrale de Boulogne.

A dater de son union légitime avec le richissime baron d'Elnes, Marie-Josèphe Sandelin saisit toutes les occasions susceptibles de glorifier son illustration de *vicomtesse de Fruges*.

Cette qualification se constate immanquablement dans les faits et gestes qu'elle produisit, par exemple au bas du titre notarié par lequel elle acheta, l'an 1766, l'hôtel du gouverneur de la ville de Saint-Omer à Alexandre-François Guislain de la Tour, seigneur de Seninghem.

C'est là où Louis XIV, de retour à Versailles, de sa visite des ports de Boulogne et Ambleteuse, descendit avec la famille royale, le 24 juillet 1680.

Il faut croire que l'édifice, une fois acquis par la vicomtesse de Fruges, ait paru démodé aux yeux de la noble dame, vu que celle-ci décida son remplacement immédiat par une plus somptueuse bâtisse.

Deux raisons d'ordre différent expliquent cette ambition de Marie-Josèphe Sandelin.

Pour les matériaux convenables à l'exécution de son projet, la nièce et femme de notre 7e baron les avait surabondamment dans les blocs sénoniens de la carrière d'Elnes, encore appelée aujourd'hui la *carrière des comtes de Fruges* et pour les maîtres-maçons dans les habiles tailleurs de pierre de l'endroit.

Encore les travaux de la nouvelle construction demandaient à être suivis de près.

Coïncidence plutôt voulue que fortuite! L'année 1766, où le seigneur de Seninghem cédait son immeuble de Saint-Omer à la vicomtesse de Fruges, le frère puîné de la baronne, messire Joachim Sandelin, donna sa démission de capitaine dans le Régiment de Cambrésis et vint résider au château de sa sœur à Elnes. Dès lors, le directeur de l'entreprise du vaste et bel hôtel situé à l'angle des rues actuelles : Carnot et du Plomb, était trouvé !

Le 8 juin suivant 1767, l'officier démissionnaire épousa « noble demoiselle Dorothée-Philippine-Josèphe de Vitry, de la paroisse Saint-Jean-Baptiste à Saint-Omer, fille de messire Philippe-Hippolyte-Joseph de Vitry, vivant chevalier de Malfiance, la Hégrie et autres lieux, et de haute dame Marie-Louise-Françoise de Poucques, dame de Beauriez, la Croix, la Thuillerie et autres lieux (archives d'Elnes) ».

Jamais l'église de l'annexe immémoriale de Wavrans-sur-l'Aa et sa chapelle dite des *comtes de Fruges* ne continrent une assistance plus distinguée, si l'on s'en réfère à la qualité des témoins : messire Jean-Baptiste de Lieurray Domonville, chevalier, messire Jules-Honoré de la Planche de Mortière, chevalier, messire Joseph-Africain Keingraert d'Enterghem, chevalier de l'ordre militaire de Saint-Louis.

A l'occasion de son mariage, Joachim-Charles Sandelin reçut de la libéralité de son vieil oncle, chez qui il demeurait, la seigneurie de Delettes et Radometz, ancienne terre de la famille de Fiennes.

Aussi longtemps que notre 7e baron d'Elnes vivait, la vicomtesse de Fruges, Marie-Josèphe Sandelin, et son frère Joachim, époux d'Anne-Dorothée de Vitry, avaient une existence large et assurée dans le manoir féodal des *de Fiennes*.

Mais la situation devait se modifier à la mort de leur oncle, s'il ne laissait pas d'enfant.

Philippe-Marc de Fiennes avait établi un fidéi-commis, en date du 31 mars 1738, stipulant qu'en l'absence d'héritier direct du côté de son neveu maternel, Pierre Sandelin, les terres de Brabant, contenant les seigneuries de Cantecroy, Mortsel, Edighen et autres, devaient faire retour au plus proche parent du codicillateur, c'est-à-dire du nom patronymique *de Fiennes* et, dans le cas présent, à Adélaïde-Félicité de Fiennes, cousine germaine de Philippe-Marc, fille du comte de Lumbres, Charles Maximilien de Fien-nes, et femme de Joseph-Marie, marquis de Mathorel, gouverneur d'Honfleur.

Le 7e baron d'Elnes, Pierre Sandelin, mourut sans postérité, le 28 juillet 1776.

La vicomtesse de Fruges, nièce et veuve douairière du défunt, essaya, pendant deux ans, de contester la succession au comte de Mathorel,

marquis de Fiennes. Finalement une sentence
du Conseil d'Artois l'ayant déboutée, Marie-
Josèphe Sandelin vendit en 1778 le château
d'Elnes au comte Adrien de Béthune-Penin,
châtelain de Souverain-Moulin en Boulonnais.

Adrien de Béthune
Seigneur d'Elnes

Au dire du chanoine Robitaille, qui l'écrit
dans sa notice sur *Fruges*, « la terre de ce nom
fut longtemps possédée par l'illustre maison de
Fiennes, puis par M. le chevalier de Béthune,
maréchal des camps et armées, et par le comte
de Sandelin. »

Cet auteur donne le même renseignement à la
page 158 du *Dictionnaire Historique et Archéo-
logique du département du Pas-de-Calais,
arrondissement de Montreuil*.

Il y a là deux inexactitudes nécessaires à
relever.

Outre une inversion erronée qu'il assigne à
l'ordre successif des anciennes familles propriétaires de la châtellenie d'Elnes, dont le vicomté
de Fruges mouvait, le chanoine Robitaille se
trompe également en attribuant l'acquisition de
ce fief important à un membre de la branche
aînée de la maison de *Béthune*, connue sous le

nom de *Béthune-Hesdigneul*, qu'il confond avec un seigneur de la branche cadette, celle de *Béthune-Penin*.

D'après les généalogistes les plus véridiques, les *de Fiennes*, vicomtes de Fruges, possédaient le domaine de ce nom depuis le xive siècle par le mariage en 1312 de Jeanne de Lens avec Jean Ier du Bois, fils de Sohier de Fiennes, sire du Bois.

Cette illustre maison est tombée en quenouille au xviiie siècle avec Thérèse-Marguerite de Fiennes, fille de Charles-Guislain, 6e baron d'Elnes, laquelle épousa, le 4 avril 1685, le colonel Edouard-Augustin Sandelin, d'Anvers en Belgique.

Le vicomté de Fruges passa matrimonialement ainsi aux mains des *Sandelin*, qui en conservèrent la terre pendant un siècle environ et la cédèrent ensemble avec le manoir féodal d'Elnes, en 1778, au comte Adrien de Béthune, seigneur de Souverain-Moulin.

L'abbé Hennebert est donc vrai dans cette note, p. 43, t. I, de son *Histoire d'Artois* : « La vicomté de Fruges, relevant de Saint-Pol, a appartenu à la maison de Fiennes, pendant plusieurs siècles ; elle a ensuite passé dans celles de Sandelin et de Béthune. M. Emm. Fr. Jos. le Sergeant, seigneur de Radinghem, de Vincly et de Hézecques, a fait l'acquisition de cette terre en 1780. »

A une interversion inexacte s'ajoute une désignation fautive du titulaire véritable du vicomté de Fruges. « Cette terre déclare le chanoine Robitaille, fut possédée par M. le chevalier de Béthune, maréchal des camps et armées du roi. »

Né à Saint-Omer le 3 juillet 1746 de Charles-François de Béthune, dit des Planques, créé marquis d'Hesdigneul en 1673 et de Anne-Marie-Marguerite-Françoise de Noyelle, messire Eugène-François de Béthune, maréchal des camps et armées du roi, épousa Camille-Marie-Guislaine Piétresanta, vicomtesse de Nielles-lez-Boulonnais, et il devint par son mariage seigneur foncier et vicomtier de ce village du canton de Lumbres. Ce n'est pas à ce dernier personnage, qui résidait en fait à Saint-Germain-en-Laye et de droit à Hesdigneul-lez-Béthune, que la vicomtesse de Fruges, Marie-Josèphe Sandelin, vendit au cours de l'année 1778 le château d'Elnes et sa terre, mais à Adrien-Joseph-Amélie-Guislain, comte de Béthune, sieur d'Auchel, la Tramerie, Gouy et autres lieux.

Celui-ci, né en 1736 à Penin, canton d'Aubigny (près Arras), d'Eugène-Dominique de Béthune, s'unit en mariage à Marie-Françoise-Josèphe de Bernard de Calonne, fille héritière de François-Eugène de Bernard, comte de Calonne et seigneur de Souverain-Moulin, commune de Pittefaux (canton-nord de Boulogne).

Par suite d'une sentence du Conseil d'Artois qui la débouta de la succession de feu son époux et oncle, Pierre Sandelin, 7ᵉ et dernier baron d'Elnes, la vicomtesse de Fruges, comme il a été dit, fut légalement dessaisie du château dudit village et de la terre de son fief dominant qu'Adrien de Béthune, seigneur de Souverain-Moulin en 1778, s'empressa d'acheter, considérant à bon droit cette propriété comme quasi-ancestrale. L'acquéreur était, en effet, l'arrière-petit-fils de Françoise-Thérèse de Fiennes, fille du 5ᵉ baron d'Elnes, Marc de Fiennes, vicomte de Fruges, laquelle s'unit en mariage, le 9 août 1647, à Maximilien de Lières, baron du Val, comte de Saint-Venant, et en eut deux filles dont l'aînée : Marie-Madeleine de Lières épousa Adrien-François de Béthune, les auteurs d'Eugène-Dominique de Béthune, seigneur de Penin, père d'Adrien, le châtelain en 1778 de Souverain-Moulin par son alliance avec Marie-Françoise Josèphe de Bernard de Calonne, dame dudit lieu.

Le comte Adrien de Béthune était noble de six générations et *seigneur de paroisse*, selon l'expression employée dans les registres paroissiaux d'Elnes antérieurs à 1790.

Par conséquent il eut entrée parmi Messieurs de la Noblesse, participa à la dernière assemblée générale des Etats d'Artois ouverte le 29 décembre 1788, combattit le projet d'une représentation égale du Tiers à celle du Clergé et de la Noblesse réunis et concourut à la protestation du 20 avril

1789 contre tout changement présent ou futur qui pourrait être contraire au droit établi par la Constitution.

Ce dernier acte, en particulier, causa sa perte.

Joseph Le Bon, aux mains duquel la protestation tomba malheureusement, s'en fit une arme contre ceux de ses signataires restés en France.

Le farouche conventionnel la transforma en crime contre la sûreté de l'Etat et, comme il lui fallait des victimes de choix, sa scélératesse s'attaqua au comte Adrien de Béthune.

Etant député ordinaire des Etats d'Artois, le châtelain de Souverain-Moulin, seigneur d'Elnes, qui avait perdu sa femme Marie-Françoise de Bernard de Calonne, habitait tantôt son hôtel à Arras, tantôt le château paternel de Penin, d'après les indications positives du registre des biens communaux d'Elnes et Wavrans, qui fut établi conformément à la loi du 18 juin 1793.

Malgré tous certificats les plus authentiques et les plus probants de sa résidence effective et continue en France, le comte de Béthune fut inscrit sur la liste des émigrés, arrêté le 12 avril 1793, détenu à la prison dite des Baudets, d'abord acquitté faute de preuve, réincarcéré peu après sur l'ordre de Le Bon, condamné à la peine de mort le 12 février 1794 et guillotiné le même jour à 10 heures du soir à la lueur des torches.

Adrien de Béthune avait 56 ans.

M. Paris, dans son *Histoire de Joseph Le Bon*, a parfaitement caractérisé le procès du noble seigneur d'Elnes : « Le nom de la victime, la longueur et l'illégalité de la procédure, l'iniquité de la condamnation, la barbarie de l'exécution, tout contribua à donner à cet assassinat judiciaire une importance spéciale (1). »

Ayant eu connaissance que la sœur du guillotiné, Marie-Ernestine-Françoise de Béthune, veuve de Charles-Gabriel-Raymond de Modène, qui habitait Tarascon (Bouches-du-Rhône), se trouvait à Arras pour y voir son frère, le brutal révolutionnaire la fit arrêter le 4 mars comme ex-noble et interroger juridiquement sur la provenance d'une lettre sans date, sans signature, sans adresse, dans laquelle on engageait M. de Béthune « à faire émigrer ses chevaux de carrosse ».

Madame de Modène déclara aux commissaires qui l'interrogeaient que le conseil donné par elle d'émigrer des chevaux était une « pure plaisanterie ».

En fait, les deux chevaux de carrosse de son frère n'étaient pas sortis d'Arras : l'un était mort à l'écurie, l'autre s'y trouvait encore. Qu'advint-il ? Le lendemain du jugement, 5 mars, Le Bon apostilla de cette façon le procès-verbal rédigé par les commissaires : « Vu l'interrogatoire ci-

(1) *Histoire de Joseph Le Bon* par A. J. Paris, 2ᵉ édit., t. I. p. 185. Arras, Rousseau-Leroy, 1864.

dessus et pièces jointes, arrête que la nommée Ernestine-Françoise de Béthune, prévenue d'avoir conseillé des émigrations, sera, dans les vingt-quatre heures, traduite au tribunal révolutionnaire. »

Madame de Modène y disputa inutilement sa vie. Les jurés, acquis à Le Bon, la déclarèrent coupable de « complicité d'émigration ». Et, trois jours après, l'infâme guillotineur écrivit au Comité du salut public : « Avant-hier, la sœur du ci-devant comte de Béthune a éternué dans le sac ; elle était prévenue d'avoir conseillé l'émigration de chevaux. »

On le voit, cet ogre au nom sinistre n'usait d'aucun déguisement dans ses procédés envers les prévenus qu'il avait en haine. Sur la moindre accusation, pour le moindre prétexte, il les faisait arrêter, condamner et tuer.

Qui n'a parcouru les annales de cette époque de barbarie connue, dans l'histoire comme dans les souvenirs populaires, sous le nom de *la Terreur* ! C'était la chasse à l'homme, *Homo homini lupus*, suivant le mot de Plaute. C'était encore le règne des délateurs. En voici un exemple inédit.

Le fermier-concierge du château d'Elnes, qui s'appelait Jacques-Eustache Hochart fut dénoncé au district de Saint-Omer, comme ayant tenu des propos inciviques et caché la monture de Melle Marie-Françoise-Ernestine de Béthune, fille de l'infortuné comte de Béthune, seigneur de la paroisse. Cette double accusation était une perfidie imaginée par la jalousie du jardinier du manoir féodal, dont il convient de taire le nom par égard pour des familles estimables.

L'honorable cultivateur le prouva sur place à ceux qui étaient venus le mettre en état d'arrestation. Il n'en fut pas moins empoigné, transféré à Arras, condamné à la déportation perpétuelle et écroué à la prison des Baudets.

Le surveillant des détenus était un nommé Effroy. Chose surprenante ! Cet homme avait une certaine loyauté, des sentiments généreux. Il l'avait manifesté en élargissant le comte Adrien de Béthune sur cette réponse du juge à l'accusateur public : « Je ne trouve pas matière à accusation contre M. de Béthune. »

La pitié compatissante du commissaire Effroy n'avait pas su épargner l'échafaud au seigneur du village d'Elnes, mais elle réussit mieux pour le fermier-concierge de son château : Jacques-Eustache Hochart.

Ce laboureur était compris parmi les détenus les plus gravement compromis. C'est pourquoi il occupait une cellule à part.

L'exécuteur du procès-verbal d'écrou, c'est-à-dire Effroy, avait une liste de tous les prisonniers, contenant les motifs de leur incarcération à côté de leurs noms.

Voici, d'après un rapport curieux à dire que

je tiens de Melle Victorine Hochart, morte octo-
génaire et célibataire à Wavrans-sur-l'Aa, le
8 octobre 1913, par quel moyen ce fonctionnaire
public sauva la tête de son aïeul paternel.

A fur et à mesure des exécutions, Effroy faisait en sorte de reléguer habilement le prisonnier Jacques-Eustache Hochart dans une chambre
plus reculée et d'éviter par ce moyen, chaque
fois, son tour d'appel.

Après la chute de Robespierre en juillet 1794,
la réaction thermidorienne fit ouvrir les prisons.
Quatre-vingt-quatre cultivateurs, dont Jacques-
Eustache Hochart, furent mis en liberté.

Plus heureux que son maître, le comte Adrien
de Béthune, le gérant du château d'Elnes rentra
à son village où il reprit l'exploitation du domaine seigneurial avec sa femme, Marie-Isabelle
Briche, et ses trois enfants, un garçon et deux
filles : Jacques-Joseph Hochart, né en 1777,
marié le 18 janvier 1804 à Marie-Josèphe Devin
de Remilly, — Constantine-Josèphe, née en
1782, mariée le 28 septembre 1803 à Pierre-
André Soudans, — Marie-Josèphe, née en 1791,
mariée le 15 mai 1811 à Marie-Louis Thuilliez, de
Bayenghem.

A l'époque de la Révolution, Elnes et Wavrans
faisaient partie du décanat de Bléquin. Les
schismatiques avaient une sérieuse influence dans
les deux localités.

Des quinze prêtres différents qui y portèrent

les secours religieux pendant les mauvais jours le nom resté dans le souvenir du pays est celui du nommé Dublaron, Philippe-Joseph, né à Esquerdes le 17 mars 1759, fils de Liévin Dublaron, qualifié de meunier de *Monsieur de Sandelin* dans les registres paroissiaux dits de « catholicité ».

Messire Charles-Joachim Sandelin en question, après la mort de son oncle Pierre Sandelin, dernier baron d'Elnes, acquit le château d'Esquerdes et le moulin à farine qui en dépendait. Dès la prise de la Bastille, lui et sa sœur, la vicomtesse de Fruges, Marie-Josèphe Sandelin, s'expatrièrent et allèrent chercher à Barcelone, en Espagne, une sécurité qu'ils n'avaient plus en France.

Le locataire dudit moulin à farine d'Esquerdes continua à exploiter cet établissement où l'abbé Dublaron, son fils, vivait caché pendant la tourmente révolutionnaire. Ce prêtre intrépide sortait de son refuge presque toutes les nuits pour faire des baptêmes et bénir des mariages à Elnes et à Wavrans Il en enregistrait les actes sur des feuilles de papier gris cousues ensemble au nombre de neuf que le hasard m'a fait découvrir sur le grenier d'une vieille maison.

On lit dans ce recueil à la date du 9 nivôse an V (30 décembre 1796) le baptême, célébré à 9 heures du soir, de : Jules-César-Frédéric Hochart, fils de Pierre-Joseph, l'occupant de la cense de *le Plouy* sur Wavrans, une demeure

des Templiers appartenant au comte de Blendecques, messire François-Joseph de Lens, baron
d'Hallines, seigneur de Wizernes et de Vilbe-
dinghe. Les signataires de l'acte baptismal sont :
Jacques-Joseph Hochart, cousin-germain du nou-
veau-né, fils de Jacques-Eustache, fermier-concierge du château, qui dut à l'humanité du
commissaire Effroy d'échapper à la guillotine et
Melle Marie-Françoise-Ernestine de Béthune,
fille du comte Adrien, la victime des fureurs de
Le Bon.

Après une tragédie sanglante de dix ans, un
fils du gérant du manoir seigneurial d'Elnes :
Louis-Eugène, né le 10 juin 1806, de Jacques-
Joseph Hochart et de Marie Devin, sa femme,
fut tenu sur les fonts dans l'église dudit lieu par
les deux enfants du malheureux comte : Melle
Ernestine de Béthune, alors rentière à Lille, y
décédée célibataire le 5 février 1817, à l'âge de
43 ans, et le frère cadet de celle-ci : Louis-
Eugène de Béthune, seigneur de Souverain-
Moulin, lequel a donné ses prénoms à l'enfant.

Ce nouveau maître du village d'Elnes épousa
Anne - Albertine - Joséphine de Montmorency-
Luxembourg et il releva le nom de *Sully* par
suite de la cession que la veuve du dernier duc de
Sully, Maximilien-Gabriel-Louis de Béthune, lui
a faite en date de 1808, date mentionnée dans les
deux principales légendes campanaires de l'église
de Wimille et reproduite par M. Roger Rodière

aux pages 264 et 265 de l'*Epigraphie du canton de Boulogne* (supplément) :

Grosse cloche :

L'an 1808, j'ai été nommée Louise par M. Marie-Louis-Eugène-Joseph de Béthune et Madame Delgorgue de Rony née Louise-Lucie Willecot de Rinquesent.

Seconde cloche :

L'an 1808, j'ai été nommée Joséphine par M. Jean-Baptiste-Joseph Delgorgue de Rony et Madame de Béthune née Anne-Albertine-Joséphine de Montmorenci-Luxembourg.

Les comtes de Béthune-Sully
derniers seigneurs d'Elnes

Des deux enfants du comte Adrien de Béthune, mort sur l'échafaud le 12 février 1794, Louis-Eugène, a qui fut cédé en 1808 le titre de Sully par la veuve de Maximilien-Gabriel-Louis de Béthune, dernier duc de Sully, pair de France, entra dans une vieille famille française dont le nom se lit à chaque page de l'histoire en épousant Albertine-Joséphine-Marthe de Montmorency-Luxembourg.

Il occupa, comme aîné et fils, le château paternel de Souverain-Moulin en Boulonnais.

Sa sœur cadette, Marie-Emélie de Béthune,

épousa en 1817 le baron Louis-Gérard Joseph-Emmanuel d'Huart, capitaine de cavalerie, né au château de Bettanges, lieu situé dans cette partie du bassin lorrain que l'on nomme le district de Thionville.

C'est à cet héritier par moitié des biens de l'infortuné Adrien de Béthune qu'est dû le plan de la ferme du château d'Elnes que le géomètre départemental, François Coupé, dressa en 1824. Son tableau, long de 1^m,20 et large de 0^m,90, figure toujours dans la salle dite de Justice de l'antique manoir féodal.

J'en reproduis, à titre de curiosité et d'authenticité, la légende énumérative des biens, de leur nature, de leurs contenances et cantons référant aux numéros du cadastre communal.

Le baron d'Huart maintint dans la gérance de cette propriété Jacques-Joseph Hochart, fils de Jacques-Eustache, l'heureux protégé du commissaire Effroy, surveillant des prisons d'Arras sous la Terreur.

Vers 1825 ce seigneur reçut un rapport d'improbité contre son receveur particulier des redevances annuelles.

Il habita temporairement à cette occasion le manoir de la vallée de l'Aa, en visita les terres dont les labours, faits par des chevaux contrairement à l'emploi des bœufs, comme en Lorraine, lui parurent donner un travail supérieur, et emmena avec lui, lors de son retour au château

De la Ferme du Château d'Elnes appartenant à M. Louis-Gérard-Joseph-Emmanuel

Baron d'HUART

Levé par F. COUPÉ en 1824

LÉGENDE

SECTION	Numéro du Plan	CANTONS ou Lieux-dits	NATURE des Propriétés	CONTENANCES En mesures métriques			En mesures locales		
				hectares.	ares.	cent.	mesures	verges	10° de v.
		Commune d'Elnes							
A	118	Terres de la Cloye	Labour	1	03	50	2	50	8
	411	Terres Bauduin Dupont	idem.	»	61	10	1	22	3
	412	idem.	idem.	5	74	70	16	20	4
	443	Le Chaunequin	idem.	3	50	20	9	87	4
	444	idem.	idem.	»	2	70	»	7	6
B	272	Les dix mesures	idem.	3	37	80	9	52	5
	353	Les huit mesures	idem.	2	51	40	7	08	8
	338	La Bleue d'or	idem.	4	19	10	11	81	7
	570	Le Comble	idem.	11	76	10	33	16	2
	580	Le petit rond	idem.	1	25	90	3	54	9
	594	Le Cardonnier	idem.	2	47	60	6	98	1
C	209	Les grands camps	idem.	1	36	00	3	83	5
	356	l'Estupelle et les veaux	idem.	4	91	30	13	85	2
	357	idem.	idem.	14	10	20	39	76	2
	358	idem.	idem.	»	10	10	»	28	5
	359	idem.	idem.	»	67	20	1	89	5
	360	idem.	idem.	2	34	70	6	61	8
D	52	Au Quignault	idem.	»	»	10	»	»	3
	53	idem.	idem.	3	7	00	10	63	0
	80	La vallée du Ronval et de la long. Haie	idem.	15	98	65	45	07	3
	94	Rietz aux genoives	Carrière	»	64	00	1	80	5
	235	La Garenne	Pâture	3	65	40	10	30	2
	424	Le Village	Moulin	»	»	70	»	2	0
	425	idem.	Bois	»	10	40	»	29	3
	426	idem.	Pâture	»	5	60	»	15	8
	428	idem.	idem.	»	5	80	»	16	4
	429	idem.	idem.	1	57	80	4	45	0
	430	idem.	Bâtiment	»	2	60	»	7	3
	431	idem.	Vivier	»	47	10	1	32	8
	432	idem.	Maison et Cour	»	15	30	»	43	1
	433	idem.	Pâture	»	8	40	»	23	7
	434	idem.	idem.	»	12	40	»	35	0
	435	idem.	idem.	»	20	40	»	57	5
	436	idem.	Aulnoye	»	72	20	2	63	6
	437	idem.	Vivier	»	18	30	»	51	6
	442	idem.	Ozeraie	»	87	40	2	46	4
	443	idem.	Aunloye	»	30	00	»	84	6
	444	idem.	Jardin	»	14	40	»	40	6
		TOTAL.		89	13	50	251	31	4
		Commune de Wavrans							
	216	Au-dessus des viviers	Pré	1	65	80	4	64	4
	220	idem.	Bois et Vivier	1	05	60	2	97	5
	226	Les Prés de Licques	Pré	1	52	30	4	29	»
	294	idem.	Pré	»	58	60	1	64	7
		TOTAL.		3	81	90	13	55	6
		Récapitulation Elnes		89	13	50	251	31	4

de Bettanges, un bon conducteur de charrue, Soudans Auguste, neveu du gérant de la ferme seigneuriale qui nous occupe. Une simple campagne suffit à cet habile laboureur pour y substituer dans la culture des terres le système de l'attelage au collier des chevaux à la méthode de l'attelage des bœufs au joug.

De leur côté, Maximilien et Charles de Béthune-Sully, accompagnés de leur mère, Albertine de Montmorency-Luxembourg, passaient, chaque année, la belle saison au château d'Elnes.

Ces jeunes châtelains de Souverain-Moulin ne se plaisaient pas tant à pêcher la truite sur les bords de la rivière *Aa* qu'à entretenir une carpière ou à s'amuser dans la blanchisserie du château.

La surface du terrain de cet établissement était coupée en six petites tranchées, distantes l'une de l'autre de 3 mètres environ. Une écluse à vannes ou clipets retenait les eaux d'un petit affluent de l'Aa, nommé *Hilex*, et les déversait au besoin dans l'étang de la carpière et dans les rigoles de la blanchisserie au moyen d'un bac de bois en forme de gouttière, vulgairement appelé *noc*.

D'après les registres des xvie, xviie et xviiie siècles, la généralité des familles d'Elnes et Wavrans exploitait la culture du lin. Qui ne sait que la grande industrie des chaumières était autrefois la filature du lin à la main et le tissage à la navette volante ! Ces tisserands « de style » étaient connus sous le nom de *sérincheurs*. Nombre de gens des deux localités gardent avec un soin jaloux, comme reliques de leurs pères, les instruments ayant servi dans l'ancien temps à travailler le lin du pays, tels que l'écang, la broie, le peigne, ou selon le langage employé à la campagne : l'écouche, la braque et le chérin.

La blanchisserie en question, d'une contenance de 2 hectares 80 ares 50 centiares, était une sous-ferme cédée à bail moyennant une redevance par an de 200 francs. Son exploitant utilisait la morte saison à rechercher les toiles brutes dans les alentours de Lumbres et de Fauquembergues et il procédait à leur blanchiment de mars en novembre.

Comme l'on ne connaissait pas encore la méthode de chlorure de chaux due à Berthollet, le blanchiment s'opérait par le procédé long et incommode de l'étandage des toiles sur l'herbe des prés et un arrosage renouvelé après l'action de la lumière et du soleil.

Notons aussi qu'il n'existait pas dans cette contrée de Lumbres une blanchisserie aussi importante que l'établissement du château d'Elnes. Elle constituait le plus fort approvisionneur de la place de Fauquembergues, dont les produits étaient estimés les meilleurs de l'Artois et de la Picardie.

Pour assurer à ses enfants, Maximilien et

Charles de Béthune, la jouissance entière de la propriété seigneuriale d'Elnes, la comtesse Albertine de Montmorency-Luxembourg, leur mère, acheta, le 19 avril 1837, moyennant 203.000 frs, au baron d'Huart, la part des biens que celui-ci avait par Amélie de Béthune sa femme, sœur du comte de Eugène de Béthune-Sully décédé.

Le gérant du château était Louis-Eugène Hochart, qui mourut maire du village en 1840, à l'âge de 34 ans, et le bail de la ferme, fixé à 5.500, fut repris le 23 juin de la même année par le neveu maternel du défunt, Soudans Auguste, fils de Pierre-André et de Constantine Hochart.

Aux termes d'un acte sous signatures privées en date du 11 juillet 1863, les deux fils de la comtesse de Béthune-Sully, née Albertine de Montmorency-Luxembourg, qui finit ses jours à Marly-le-Roy près Versailles, le 2 avril précédent, Maximilien et Charles de Béthune, étaient héritiers chacun par moitié de la succession maternelle. L'aîné, Maximilien-Léonard-Louis, habitait le château historique de Sully dans le Loiret. Il est mort pendant un séjour momentané à Paris, rue de la Paix, nº 9, le 17 avril 1868. Faute d'aucun ascendant ni descendant ayant droit à une réserve dans l'ensemble de ses biens, il en institua le légataire universel, par testament du 4 mai 1864, confirmé par codicille olographe du 12 juin 1865, Eugène-Charles-Philippe-Marie de

Béthune, fils de Charles, son frère, qui habitait le château de Souverain-Moulin.

L'héritier devait continuer sa résidence à Sully-sur-Loire dans la magnifique habitation de son oncle. Il épousa, le 16 février 1872, Marie-Augustine Amelot de Chaillon, décédée le 29 mai 1883, de qui il eut cinq enfants.

Avec ce comte de Béthune-Sully finit la notice chronologique des propriétaires nobles du château d'Elnes depuis le XVe siècle.

Suivant un acte de vente du 19 juin 1890, passé devant Me Holleau, notaire à Fruges, M. Eugène-Charles-Philippe-Marie, comte de Béthune-Sully, céda sa terre d'Elnes, moyennant 160.000 francs, à M. Northert Deherly et à la mère de celui-ci, née Lebel Rosalie. Le premier des deux acquéreurs est mort le 2 novembre 1898. Sa mère, Madame veuve Deherly, moderna l'antique manoir féodal en ornant la façade d'un balcon et d'une porte cochère, mais garda qu'on ne touchât aux pièces essentiellement caractéristiques du château-fort : voûte en berceau des appartements du rez-de-chaussée, petits cabinets dans la rotonde des deux tourelles, escalier en hélice communiquant de bas en haut jusqu'aux combles.

A la mort de cette propriétaire, le 15 avril 1912, son neveu maternel, Joseph-Aimé Morenval, qu'elle avait adopté et fait son héritier, éclaira à l'électricité l'habitation proprement dite et le bâtiment du *moulin banal* au moyen de la dynamo mue par la chute d'eau.

Ce nouveau possesseur du vieux manoir féodal épousa, le 11 février 1914, dans l'église d'Elnes, Melle Jeanne-Hortense Daudigny, de Saint-Quentin (Aisne).

Cinq mois après son mariage, au début de la guerre, il partit comme chasseur à pied au 26ᵉ bataillon et mérita le grade de sergent par sa belle conduite devant l'ennemi en Argonne où il fut tué, le 25 juin 1915, à l'âge de 32 ans.

L'année suivante, le château et ses appartenances furent mis en adjudication publique et volontaire pour sortir d'indivision et exposés aux enchères en juin et en septembre.

Avant les jours de la vente, les notables du lieu se concertèrent en vue d'acquérir chacun l'immeuble de sa convenance et d'empêcher ainsi l'aliénation aux étrangers du moindre lopin de terre de leur baronnie d'avant la Révolution.

Grâce à cette louable et patriotique entente, la mémoire des anciens seigneurs et maîtres d'Elnes, durera, d'une façon plus sûre, parmi les habitants de cet humble village situé à la frontière du Boulonnais.

A. COLLET.

Extrait des *Mémoires de la Société Académique de Boulogne-sur-Mer*
Tome XXVIII